부활실천신학 | 행함의복음

예수 부활의
15가지 비밀

김헌수 저

인사말

　부활실천신학을 행함의 복음으로 표현한 것이 천국환송예식이다. 이미 예수 부활로 죽음은 사라졌다. 그렇기에 죽음의 장례를 천국환송으로 바꾼 것이다. 이에 대하여 구체적인 성경적 대안으로 필자가 2013년 '기독교 장례, 이대로 좋은가? 성경에서 말하는 장례'(도서출판 행복)를 저술했다. 가장 기본이 되는 이론적인 내용이다.

　또 2016년에 '성경적 천국환송'(쿰란출판사)을 출간하면서 보다 구체적이고 확실한 기독교적인 새 패러다임의 예식으로 현실화했다. 왜 그런 용어인지를 성경적으로 설명하고 그에 따른 용품을 제시하고 그 절차와 진행방법 등을 자세하게 설명했다.

　코로나가 한창 유행하는 시기인 2020년에 '천국환송 예식서'(쿰란출판사)를 교계에 내 놓았다. 부활에 근거한 예식서이기에 교파를 초월하여 모두가 활용할 수 있는 목회자의 필독서가 되었다. 이 한권의 책안에 천국환송예식의 용어, 용품, 절차와 예배, 찬송, 기도, 설교문까지 완벽하게 수록했다.

　부활은 전 세계 그리스도인을 하나로 묶는 생명의 복음

이 된다. 이에 같은 해인 2020년 전 세계 그리스도인들을 위한 부활의 천국환송으로 'BIBLICAL HEAVENENLY REPATRIATION'(쿰란출판사) 성경적천국환송 영문판을 교계에 내 놓아 신선한 도전이 되었다.

이제는 부활의 복음을 목회와 신학적으로 정립하여 본서를 출간하게 되어 매우 기쁘다. 그동안 조직신학의 구원론에서 예수 부활을 말해왔다. 그러나 이를 실천신학적인 관점으로 바꿔서 행함의 복음으로 구원을 완성시키려고 한다. 부활은 이론이 아닌 실제가 되어야하기 때문이다. 그리스도인의 최종은 부활이다. 이것이 구원이며 천국이다.

이 부활과 구원은 철저하게 나의 것으로 실제가 되어야 한다. 부활이 실제가 되지 않고 이론만으로 알고 있으면 의미가 없다. 다른 종교와 다를 바 없다. 기독교는 예수 부활이 있기에 천국과 구원을 말할 수 있다.

만약 부활이 아니면 진정한 구원이 없다. 영원한 생명이 없다. 부활이 없으면 진리가 아니다. 참 종교가 될 수 없다. 십자가는 사랑, 은혜, 용서, 속죄, 능력이지만 사실은 죽음이다. 십자가가 십자가의 능력이 될 수 있는 단 한가지 이유는 부활이 있기 때문이다. 그렇기에 이 죽음 자체만으로는 완벽한 구원이 될 수 없다. 구원의 완성은 부활을 통하여 온전히 이루어진다. 이 부활의 깊은 비밀을 알고 깨달아야 될 것이다.

기독교는 예수 그리스도이며 복음이다. 그리고 복음의 핵심은 십자가와 부활이다. 이 복음이 실제로 어떻게 표현되고 있는가? 왜 예수가 부활할 수 있었는가? 예수 부활의 이유와 목적은 무엇인가? 나와는 무슨 상관이 있는가? 왜 부활이 실천신학이 되어야 하는가? 그동안 부활이 행함의 복음으로 표현되지 못했던 이유가 무엇인가?

구원받은 성도인데도 불구하고 의외로 어렵고 지쳐서 한숨지으며 살아가는 그리스도인들이 있다. 기쁨도 잃고 소망도 없이 힘들게 살아가는 자들도 많다. 차라리 빨리 죽어 천국가고 싶다는 분들도 있다. 이들을 위하여 구원과 부활의 복음은 미래와 함께 현재에도 그대로 이루어져야 한다. 이 복음을 진정으로 안다면 삶이 바뀌고 달라질 것이다.

진정한 복음인 부활의 메시지가 확실하게 열려서 큰 기쁨의 복음적 삶이 되기를 바란다. 구원과 부활의 승리가 날마다 이루어지는 인생이 되기를 바란다. 모든 그리스도인들이 예수 부활로 정말 행복하면 좋겠다. 그동안 예수를 믿어도 부활이 실제가 되지 못했던 이유를 다시 찾고 모든 문제가 풀리는 역사가 있기를 바란다.

최고의 신학자이시며 학문의 본을 보여주시고 언제나 어버이의 심정으로 격려와 응원의 박수를 보내주시면서 추천과 서평을 해주신 민경배 박사님과 이요한 총장님께 깊은 감사를 드리며 하나님께 영광을 돌립니다. 또 첫 출간의 기쁨을 얻은 도서출판 『투헤븐』과 내일처럼 앞장서신 조은출판사 김화인 대표와 실장님께 진심으로 감사의 마음을 전하며, 노심초사 늘 내 곁에서 함께 돕고 협력하는 투헤븐선교회와 투헤븐상조 그리고 교정까지 챙겨주신 최현정 국장께도 깊은 감사를 드린다.

  그리고 언제나 아낌없는 지원으로 함께 있어 행복한 최고의 사랑하는 아내, 우리 꿈너머꿈교회 가족들과 혈육의 가족인 소임, 영혁, 미지 그리고 하율, 소율, 새힘이 까지 영적 계보를 이어갈 수 있기에 함께 기뻐하며 감사를 드린다.

김 헌 수 박사
투헤븐선교회 대표
예장 웨신총회 총회장
꿈너머꿈교회 담임목사

추천사, 서평

민경배 박사
(백석대학교 석좌교수, 연세대학교 명예교수)

우리 김헌수 박사님은 부활실천신학으로 세계 기독교 역사상 가장 경이적인 놀라운 최초의 공헌으로 잘 알려져 있는 한국신학의 거두이십니다. 지금껏 장례(葬禮)로 알려진 행사를 천국환송으로 구조 전환 체계화한 것은 세계기독교회 역사에서 처음 보는 일이었습니다. 〈국민일보〉는 2021.1.19에 이를 〈세계에서 최초의〉 업적으로 〈복음의 이론을 실제로 완성시킨 완벽한 천국환송예식으로 자리매김〉한 것이라 격찬의 기사를 보도하고 있었습니다.

한국교회는 일찍이 기독교의 완벽한 전방위적인 신앙형태 형성으로 세계의 주목을 받고 있었습니다. 가령 1907년의 평양 대부흥은 지금까지의 경원하던 성령론을 기독교 정통의 위치에 올려놓은 업적으로 세계의 경탄을 받고 있었습니다. 〈뉴욕 타임즈〉와 같은 세계 거대 신문들은 한국인은 기독교의 핵심을 파악하는 능력이 있다고 대서 특필하고 있었고, 〈필라델피아 프레스〉는 〈한국인들이 기독교에 대한 천재성이 있다〉고 경탄하고 있었습니다. 1910년 스콧틀랜드 에딘바라에 모였던 최초의 세계 기독교선교대회에서는 한국기독교가 〈기독교 세계성〉의 보증이라고 격찬하고 있었습니다.

이런 거대 신문들의 보도는 바로 김헌수 박사님을 두고 하는 말로 들리게 되었습니다. 우리 김박사님은 여러 해를 거쳐 기독교의 핵심적인 진리와 그 복음의 광맥 하나를 채굴하였습니다. 그리고 그것을 현상화하고 조직신학에서 체계화하고 실천신학에서 실제화하고 구체화해서 부활예배신학과 그 예식을 정착시키셨습니다. 지금까지 장례식이라 부르던 것을 천국환송예식으로 고치고, 예식전부와 예배, 절차, 장구, 수의, 이런 전부를 체계적으로 부활문화 생명의 복음으로 개혁한 것입니다. 이는 기독교 부활문화의 귀중한 대본(臺本)이요 실록이 되었습니다. 그러나 실제 이 부활신학이야말로 기독교 신학의 진수 그 기간(基幹)이 아닐 수 없습니다. 기독교의 진수가 아닐 수 없습니다.

이 부활신학은 실지로 투헤븐상조를 설립하게 하였고 모든 상조회사에 자극과 큰 영향을 주어 상조업계가 실제 그렇게 바뀌고 있다는 전문입니다. 이처럼 그의 신앙과 신학이 현실과 연계되어 유기적 구도로 구심점과 실질성을 가지게 된 것이야말로 그의 신학이 얼마나 구조적 진실성과 적절성을 가지고 있는가 하는 것을 말하여 주기에 넉넉한 것입니다.

저자는 거룩한 분노마져 느끼며 장례문화의 개혁을 위하여 책을 집필하게 되었다고 외칩니다. 반만년 역사의 오랜 전통과 관습을 타파하고 성경의 원점 그 핵심에 이르러, 성경적 천국환송문화로 정착되어야 했기 때문입니다. 거기에는 제2의 종교개혁에 버금가는 혁신이 필요하였던 것입니다. 그의 사명감과 헌신은 그것이 정착하고 교회의 전통으로 자리 잡을 때까지 계속하리라 다짐합니다. 그만큼 천국환송문화는 기독교의 핵심이라 보고 있기 때문입니다. 그리고 그것은 우리들 신앙의 실존적 주체적 신앙, 살아있는 생명의 거점으로 자라 잡아야 한다고 보기 때문입니다.

저자는 이미 2020년 온 세계교회를 위해서 『Biblical Heavenly Repatriation』(쿰란출판사)이라는 성경적 천국환송 영문판을 간행하였습니다. 김헌수박사님의 부활신학은 현대 세계기독교의 소중한 자산으로 널리 파급되고 있습니다. 얼마나 자랑스러운 일인지, 실로 남부러운 일이 아닐 수 없습니다.

저자에게 부활은 기독교의 실체요 그 중심입니다. 천국과 구원 십자가는 다 예수 부활이 있기에 가치가 있다는 것입니다. 진정한 복음인 부활의 메시지가 있어서 비로소 우리 삶이 바뀌고 달라질 수 있고 기쁨의 복음적 삶이 열린다는 것입니다.

그 부활신앙에 반드시 필요한 것이 15가지 비밀이라고 봅니다. 곧 구약에서 신약으로, 안식일에서 주일로, 율법에서 복음으로, 할례에서 세례 침례로, 백성에서 자녀로, 종에서 아들로, 공동체에서 생명체로, 죄인에서 의인으로, 사망에서 생명으로, 죽음에서 잠으로, 장례식에서 천국환송예식으로, 고인에서 하늘시민과 천국시민으로, 샤머니즘적 용어와 용품에서 성경적 새 패러다임으로, 장례식장을 헤븐 웨딩홀(Heaven Wedding Hall), 봉안당을 홀리캐슬((Holy Castle)로, 가난에서 부요함으로, 이렇게 바뀌어야 한다는 것입니다.

이런 것을 주장하기 위한 저자의 인용 전거(典據)는 모름지기 전부 성경입니다. 그의 부활신학 전개는 본문 자체가 관주(貫珠) 성경으로 가득 차 있습니다. 그만큼 성서적이라는 확증입니다.

본 저자의 탐구력과 그 열정 그리고 한 저작으로서의 구상력과 그 문필력은 통상의 수준을 넘어, 한국 신학 편성사에서 한 규범적인 절묘한 대본을 하나 올려놓은 듯한, 그런 업적을 남기셨습니다. 이런 저작은 의도하지 아니할지라도 과장될 가능성이 많은데 이를 글귀마다 경계하면서도, 아주 품위있게 조리된 문체로 시종한, 그런 탁월한 수사법은 우리들에게 고도의 공감과 문필의 능을 보여주고도 남음이 있습니다.

본서와 같은 명작은 언제나 눈부시게 우리 곁에 빛나고 살아 있어야 하는데 그 기념비를 세우고 그 출간하는 것이,

청동이나 대리석으로 명문 하나 깎아세우는 것, 못지않아, 이날이 무슨 대한민국의 날 같아 다들 반겨, 이처럼 성황과 감격으로 차 있습니다.

다시 멀리 바라봅니다. 기념비처럼 펼쳐진 본서의 간행을 다들 반겨, 이렇게 너나없이 벅차고 격한 심정으로 축하하고 환호하고 있습니다. 왜냐하면 이제 우리는 그런 모습을 세계 누구에게나 보여 줄 수 있는 나라를 만들어 냈구나, 하는 생각이 절절이 가슴에 메어오기 때문입니다.

이런 보감을 귀중본으로 남기셔서 우리 세계적 한국교회 그 영광의 역사에 또 하나의 기둥을 세워 놓으사, 우리 고향 같은 이 교회당에서 이만한 환호와 감격으로 역사의 전당에 높이 올리신 우리 김헌수 박사님에게 우리는 다같이 뜨거운 만강(滿腔)의 갈채를 올리는 바입니다.

추천사

이요한 박사
(전 목원대학교 총장, 실천신학대학원대학교 총장)

김헌수 총회장께서 저에게 책의 감수를 부탁하시기에 서슴치 않고 받아들였습니다. 왜냐하면 나는 김헌수 목사님의 선배로 가까이 살아오면서 그의 생각과 삶의 모습에 늘 존경과 사랑을 느끼면서 살았기 때문입니다.

첫째로, 그는 목회자로 평생 최선을 다 한 목사였습니다. 모든 목사가 주의 몸 되신 교회를 위해 최선을 다 하지만 특별히 김목사님은 특출하게 자신의 모든 것을 다 바쳐 목회를 위해 하나님께 열심을 다하는 목사였습니다. 그는 목회를 하면서 어려움이 닥쳐오더라도 자신의 이익을 먼저 구하지 않았습니다. 여기서 일일이 다 밝히지는 못하겠지만 그는 자신을 버리는 일과 교회를 위해 썩어지는 한 알의 밀알이 되셨습니다.

김헌수 목사님은 교회를 위한 희생을 항상 기쁨으로 받아들이며 사는 목사였습니다. 나는 특별히 김목사님의 사모님과 두 자녀를 칭찬하고 싶습니다. 목회의 가시밭길을 헤쳐오면서도 사모님과 두 자녀분들이 보여 준 희생의 모습을 보면서 저는 참 많은 감동을 받았습니다.

오늘 날 많은 목회자 자녀들이 아버지의 목회자 사명을 같이 나누는 일이 흔한 일이 아니기 때문에 두 자녀와 사모님에게 진심을 다해 박수 쳐 드리고 싶습니다. 하나님은 교회를 위한 희생을 보셨고 그래서 두 자녀를 크게 축복하셨습니다.

둘째로, 그의 목회는 언제나 창조적인 행보를 거듭해 오고 있습니다. 그는 큰 믿음을 가지고 새로운 목회를 시작하고, 새로운 목회의 프로그램을 실천하는 일에 망설임 없이 앞으로 전진해 나가는 목회자였습니다. 목사님께서 몇년 전부터 한국교회의 기독교적인 새로운 장례문화에 대해 큰 관심을 가지고 개척자 정신으로 기독교 천국환송문화를 위한 변화의 시도를 시작했을 때 기독교인들에게 꼭 필요한 일을 시작하는 것에 많은 지지와 성원을 보냈습니다. 지금 김현수 목사님은 한국 기독교의 새로운 장례문화를 이끄시면서 여러 학교에서 강의도 하시며 부활실천신학 행함의 복음을 전파하는 일에 앞장서고 계십니다.
이미 한국 세계 최초로 부활에 근거한 여러권의 책을 출간하여 한국교회의 목회적 변화를 위한 커다란 원동력을 제공하고 있습니다.

셋째로, 이제 본 서 '예수 부활의 15가지 비밀'에서 저는 깊은 감명을 받았습니다. 저자는 이 책을 통하여 예수 부활의 능력을 분명하게 밝혔습니다.

　인간의 죽음을 그리스도 안에서 부활의 소망으로 바꾸어 놓았습니다. 인간에게 있어 죽음은 누구도 피할 수 없고 가장 피하고 싶고, 생각하기 싫은 경험입니다. 그러나 이 책에서는 죽음이 그리스도 안에서 천국으로 향하는 새로운 삶의 경험이라는 것을 받아들이도록 했습니다. 그리스도께서 부활하셔서 우리를 아버지의 집에서 기다리고 계시기 때문입니다. 예수께서 먼저 부활하셔서 부활의 본을 이미 우리에게 보여 주셨습니다.

　죽음은 더 이상 우리의 두려움의 대상이 아닙니다. 예수의 부활을 믿는 자는 이미 살아서 천국의 삶을 살고 있는 것입니다. 죽음으로 인한 우리의 눈물을 기쁨의 웃음으로 변화시킬 수 있도록 하였습니다. 죽음이 인생의 끝이라고 믿고 슬퍼하는 사람들에게 우리는 생명의 시작과 또 서로 다시 만날 수 있다는 소망을 가질 수 있도록 하였습니다. 그래서 믿지 않는 자들에게 복음의 교훈과 교회의 중요성 까지도 알게 하였습니다.

　김목사님은 진실로 한국 기독교 문화에 새로운 선교 문화의 출발점을 이루게 하였습니다. 그 동안 미쳐 깨닫지 못했던 예수 부활 속에 숨겨진 비밀을 성경적으로 제시했습니다. 이 놀라운 실천신학적인 새로운 변화의 시도는 우리 모두의 기쁨이고 기독교 역사에 한 획을 긋는 자랑입니다.

목 차

인사말 … 2

추천사 민경배 박사 … 6

추천사 이요한 박사 … 11

예수 부활로 바뀌고 달라진 15가지의 비밀이 무엇인가?

1. 구약에서 신약으로 … 16

2. 안식일에서 주일로 … 21

3. 율법에서 복음으로 … 26

4. 할례에서 세례(침례)로 … 33

5. 백성에서 자녀로 … 39

6. 종에서 아들로 … 44

7. 공동체에서 생명체로 … 49

8. 죄인에서 의인으로 … 56

9. 사망(멸망)에서 생명(영생)으로 … 61

10. 죽음에서 잠으로 … 66

11. 장례식에서 천국환송예식으로 … 72

12. 고인에서 하늘시민과 천국시민으로 … 78

13. 샤머니즘적 용어와 용품에서 성경적 새 패러다임으로 … 84

14. 장례식장을 헤븐웨딩홀(HEAVEN WEDDING HALL), 봉안당을 홀리캐슬((HOLY CASTLE)로 … 92

15. 가난에서 부요함으로 … 104

부록

1. 예수가 부활할 수 있는 이유가 무엇인가? 왜 복음인가? … 112

2. 한 눈으로 본 복음의 도표 … 118

3. 부활에 근거한 복음적 추모예배 … 119

맺는 말 … 125

1
구약에서 신약으로

> 당신은 구원받은 그리스도인입니다. 그렇다면 묻겠습니다. 정말로 부활을 아십니까? 예수 부활을 믿고 있습니까? 그렇게 알고 믿는다면 바뀌어야 합니다. 아직도 바뀌지 않았으면 아닙니다.
> 무엇이 바뀌는 것입니까? 구약에서 신약으로 바뀌어야 합니다.

예수 부활은 구약의 성경을 신약으로 새롭게 바꿔놓은 사건이다.

하나님의 말씀인 성경을 The Old Testament에서 The New Testament로 바꾸었다. 사실 성경 66권은 모두가 예수에 관한 이야기(History)다. 이는 구약도 신약도 똑같다. 천지창조로부터 시작하여 영원한 새 하늘과 새 땅에 이르기까지 여기에 흐르는 중심은 예수이다.

다만 구약은 이스라엘의 역사를 통하여 오실 예수에 관하여 말하고 있다. 그러나 신약은 오신 예수로 십자가의 구속을 말한다. 그리고 죽음을 이기신 부활과 또 승천을 통하여 다시 오실 예수를 말하고 있다.

그래서 예수가 오기 이전을 BC(Before Christ)라고 한다.

또 예수 탄생 이후를 AD(Anno Domini, 라틴어 주의 해(年))로 표시하여 역사를 이루어가고 있다. 지금도 변함없이 인류역사는 예수가 중심이 되어 기원전과 기원후로 계속 진행되고 있다.

그러나 종교적 편향을 이유로 BC와 AD대신에 BCE(기원전)와 CE(기원후)로 바꿔서 표기하기도 한다. BCE는 Before Common Era(공통의 시대 이전)의 약자이며, CE는 Common Era(공통의 시대)의 약자이다. 그러나 그렇게 표기를 바꾸고 주장하고 있을 뿐 누가 뭐래도 지금 우리가 살고 있는 이 시대는 예수 탄생 이후의 2021년이다. 이 예수의 역사를 아무도 부인할 수 없다.

예수는 이 땅에 오셔서 십자가에 죽으셨다. 그리고 부활하셨다. 그 후 승천하시고 다시 재림의 주로 오시게 된다. 영원히 사는 구원은 오직 예수를 통해서만 가능하다. 왜냐하면 예수가 부활했기 때문이다. 만약 이 부활의 예수가 없다면 모든 사람은 죽는 것으로 끝나게 된다. 그러나 예수 부활 때문에 다시 살아나고 천국시민으로 영원히 함께 살 수 있는 것이다.

이 놀라운 비밀이 예수 부활을 통하여 이루어졌다. 그렇기에 신약에서의 예수는 영원히 사는 비법을 알려준 최고의 선물이 된다.

"그리스도께서 만일 다시 살아나지 못하셨다면 우리가 전파하는 것도 헛것이요 또 너희 믿음도 헛것이며 또 우리가 하나님의 거짓 증인으로 발견되리니 우리가 하나님이 그리스도를 다시 살리셨다고 증언하였음이라 만일 죽은 자가 다시 살아나는 일이 없으면 하나님이 그리스도를 다시 살리지 아니하셨으리라"(고전15:14-15)

그렇다. 만약 예수 부활이 없다면 우리의 믿음도 헛것이다. 그리고 결국은 거짓증인이 된다. 정말로 신약이 없다면 예수 부활을 모르고 여전히 죽음 가운데 머무르게 되었을 것이다. 그렇기에 신약 없는 구약 자체만으로는 구원의 역사를 온전히 완성하지 못하는 것이다.

물론 구약의 말씀도 성경이고 신약도 똑같은 하나님 말씀이기에 어느 것 하나 소홀히 할 수 없다. 그러나 구원을 완성시킨 예수 부활은 구약이 아니라 신약이다.

"전에 있던 계명은 연약하고 무익하므로 폐하고 율법은 아무 것도 온전하게 못할지라, 이에 더 좋은 소망이 생기니 이것으로 우리가 하나님께 가까이 가느니라 또 예수께서 제사장이 되신 것은 맹세 없이 된 것이 아니니, 그들은 맹세 없이 제사장이 되었으되 오직 예수는 자기에게 말씀하신 이로 말미암아 맹세로 되신 것이다. 주께서 맹세하시고 뉘우치지 아니하시리니 네가 영원히 제사장이라 하셨도다. 이와 같이 예수는 더 좋은 언약의 보증이 되셨느니라"(히7:18-22)

구약은 아직 영원한 안식의 구속사역을 완벽하게 성취되

지 않은 상태이다. 그러나 신약에서의 예수는 영원한 제사장이 되신 것이다. 이에 예수는 더 좋은 언약이 되었다. 그렇기에 이 예수는 구원을 완성시킨 완성자가 된 것이다.

"태초에 말씀이 계시니라 이 말씀이 하나님과 함께 계셨으니 이 말씀은 곧 하나님이시니라"(요1:1) 태초에는 말씀이 있었다. 이 말씀이신 하나님은 어떻게 하셨는가? "말씀이 육신이 되어 우리 가운데 거하시매 우리가 그 영광을 보니 아버지의 독생자의 영광이요 은혜와 진리가 충만하더라"(요1:14) 그 하나님께서 친히 육신이 되어 우리 가운데 거하신 것이다.

말씀이 육신이 되어 이 땅에 오시었다. 십자가와 부활을 통하여 구원의 사역을 이루셨다. 이 구원의 사건 중심에는 바로 예수 부활이 있다. 이 부활은 구약을 신약으로 완벽하게 바꿔 놓은 하나님의 계획이며 놀라운 축복이다.

이제는 구약의 유대교적인 관점에 머무를 것이 아니라, 신약의 예수 부활에 관한 기독교적 관점으로 성경을 이해해야 할 것이다. 신약에 나타난 예수 십자가와 부활의 사건은 예배의식은 물론 예배의 날과 장소까지 바꿔 놓았다. 그리고 그리스도인의 모든 삶의 방법과 영역까지 바꾸었다. 복음적 삶의 구원관으로 새 패러다임을 제시했다. 종교의 대변화를 가져온 아주 중요한 사건이 되고 있는 것이다.

"항상 우리와 함께 다니던 사람 중에 하나를 세워 우리로 더불어 예수께서 부활하심을 증언할 사람이 되게 하여야 하리라"(행1:22) 유다대신에 맛디아를 제비 뽑아 12사도로 세울 때도 예수 부활을 전하며 증거할 사람을 선택했다. 그래서 예수부활 복음의 역사를 이어가게 했다. 이는 구약이 아닌 신약에서 완성을 향해 이루어져 가는 과정인 것이다.

"이 사람들은 다 믿음으로 말미암아 증거를 받았으나 약속된 것을 받지 못하였으니 이는 하나님이 우리를 위하여 더 좋은 것을 예비하셨은즉 우리가 아니면 그들로 온전함을 이루지 못하게 하려 하심이라"(히11:39-40)

구약의 선진들은 다 믿음으로 증거를 받았다. 그러나 완벽한 구원의 모든 약속은 받지 못하였다. 이에 하나님께서 더 좋은 것을 예비하셨다. 그리고 이를 통하여 온전함을 이루게 하셨다. 구약은 아직 미완성이다. 더 좋은 것으로 예비된 것이 신약이다. 왜냐하면 신약에 부활이 있기 때문이다.

구약은 구속사역의 완성이 아니고, 아직 성취되지 않은 상태이다. 이에 신약의 예수 부활을 통하여 더 좋은 100%의 구원을 완성시킨 온전함을 이룬 것이다. 예수 그리스도의 부활로 구약에서 신약으로 바뀌고 달라졌다.

2
안식일에서 주일로

> 당신은 구원받은 그리스도인입니다. 그렇다면 묻습니다.
> 정말 부활을 아십니까? 예수 부활을 믿고 있습니까?
> 부활을 알고 믿는다면 바뀌어야 합니다. 바뀌지 않았으면 아직도 아닙니다.
> 무엇이 바뀌는 것입니까? 안식일에서 주일로 바뀌어야 합니다.

예수 부활의 사건은 안식일을 주일로 바꾸어 놓았다.

구약의 안식일에서 신약의 거룩한 주일로 바꿔 놓은 것이 바로 부활이다. 만약 부활이 없었다면 주일이 있을 수 없고 교회가 탄생되지 못했을 것이다. 부활을 통한 영생과 구원이 있기에 성도들은 주님의 날로 지킨다.

예수 부활은 구원의 완성이며 그래서 모든 교회는 부활을 믿는다. 만약 부활을 모르고 믿지 못하면 기독교가 될 수 없다. 예수 부활의 날이 주의 날이며 이것이 기독교 신앙의 핵심이고 전통이다.

초대교회는 이를 기념하여 모여서 성찬을 했다. 예수 부활이 실제가 되어서 그 부활에 동참하며 목숨 걸고 주일을 성수했다. 부활을 찬양하며 예배를 드리며 영원한 생명을 허락하신 특별한 은혜의 날이기에 당연히 영광을 돌려야 했다. 예수의 부활을 기념하는 것이다.

"그 주간의 첫날에 우리가 떡을 떼려하여 모였더니"(행20:7) 구원받은 성도들은 매 주일, 날마다 주의 전에서 예배를 드리고 말씀을 듣고 교제하며 봉사했다. 떡을 떼려고 성도들이 모였다.

"성도를 위하는 연보에 관하여는 내가 갈라디아 교회들에게 명한 것 같이 너희도 그렇게 하라. 매주 첫날에 너희 각 사람이 수입에 따라 모아 두어서 내가 갈 때에 연보를 하지 않게 하라"(고전16:1-2) 또 교회의 성도들을 위하여 연보를 했다. 매주 첫날에 각 사람이 수입에 따라 연보를 했던 것이다.

"주의 날에 내가 성령에 감동되어 내 뒤에서 나는 나팔소리 같은 큰 음성을 들으니"(계1:10) 요한이 밧모섬에서 성령에 감동되었던 날도 주의 날이었다. 이처럼 그리스도인들은 예수 부활의 날인 주일을 지켰다.

그러나 일부 토요일을 안식일로 고집하는 교단이나 사람들이 있다. 이는 예수 부활을 모르거나, 부활의 참 의미를 모르고 부정하는 사람들이다. 그렇다면 거기에는 구원이 없다. 부활이 없으면 죽음으로 끝나기 때문이다. 그래서 이단이 되는 것이다.

"인자는 안식일의 주인이니라"(눅6:5) 성경은 예수가 안식일의 주인이라고 말하고 있다. 이처럼 안식일을 만들고 제정한 주체가 바로 부활하신 예수이다. 부활의 예수 때문에 안식일이 주일이 되었고, 성도들은 부활의 주님을 예배하는 것이다.

이처럼 주일성수는 그리스도인들이 지켜야 할 신앙의 기본이며 믿음이다. 이는 부활하신 예수로 모든 것들을 완벽하게 해결하고 승리한 날이 되기 때문이다. 그래서 모든 인류가 승리의 개가를 부르며 축복받는 날이 주일이다.

1885년 4월 5일 부활의 아침에 대한민국 땅에서도 복음이 시작됐다. 이 부활의 날에 우리 민족이 우상을 타파했다. 그리고 가난과 어둠을 물리치고 이겼다. 그렇기에 우리 민족의 성도들은 무엇보다 주일성수와 예배를 가장 최우선으로 한다. 주일예배, 저녁예배, 삼일예배, 금요예배, 새벽예배, 심방예배, 개업예배, 이사예배, 특별예배 등의 모든 행사와 일마다 예배를 드리는 예배중심의 나라가 되었고 그래서 축복의 땅이 되었다.

주께서 부활하신 날은 죄와 사망을 이겼기에 구원을 완성한 날이다. 구원받은 그리스도인은 주의 날에 예배를 통하여 평안과 소망을 얻으며 참 안식을 갖게 된다. 부활하신 예수 안에서 날마다 구원의 삶이며 승리의 날이 되는 것이다.

"수고하고 무거운 짐진 자들아 다 내게로 오라 내가 너희를 쉬게 하리라"(마11:28) 예수 부활로 말미암아 안식일을 주일로 바꾸어서 진정한 안식과 영원한 안식을 허락한 것이다. 부활의 예수로 완성된 참 안식을 기념하며 즐기는 날이 되었다. 하나님께 경배하고 그리스도 안에서 안식을 즐기는 날이 주일이다.

물론 최종의 안식도 예수 부활로 이루어지고 완성된 것이다. 마지막 안식의 자리에 들어가는 것은 오직 예수 부활을 통해서만 가능하다.

"그들은 내 안식에 들어오지 못하리라"(히3:11) 영원한 안식에 들어가지 못하는 자들이 있다는 것이다. 누구인가?

"그의 안식에 들어오지 못하리라 하셨느냐 곧 순종하지 아니하던 자들에게가 아니냐 이로 보건대 그들이 믿지 아니하므로 능히 들어가지 못한 것이라"(히3:18-19) 말씀을 순종하지 않은 자들이다. 또 예수를 믿지 아니한 자들이다.

"이미 믿는 우리들은 저 안식에 들어가는도다"(히4:3) 그러나 예수 부활을 믿고 순종한 자는 영원한 안식에서 참 쉼이 있는 것이다. 이것이 바로 구원이다.

"오순절 날이 이미 이르매 저희가 다같이 한 곳에 모였더니"(행2:1) 성도들은 한 곳에 모였다.

"그들이 다 성령의 충만함을 받고 성령이 말하게 하심을 따라 다른 방언으로 말하기를 시작하니라"(행2:4) 여기에 성령의 충만함으로 방언을 하게 되었다.

"하나님께서 그를 사망의 고통을 풀어 살리셨으니 이는 그가 사망에 매여 있을 수 없었음이라"(행2:24) 하나님께서는 사망과 고통을 풀어 살리셨다. 더 이상 사망에 매여 있을 수 없는 부활을 말씀하셨다.

"미리 본 고로 그리스도의 부활을 말하되 그가 음부에 버림이 되지 않고 육신이 썩음을 당하지 아니하시리라"(행2:31) 육신의 썩음을 당하지 않는 예수 부활을 말하고 있다.

"이 예수를 하나님이 살리신지라 우리가 다 이 일에 증인이로다"(행2:32) 하나님께서 예수를 살리사 부활하신 그 일에 증인이 되어야 한다.

"너희와 모든 이스라엘 백성들은 알라 너희가 십자가에 못박고 하나님이 죽은 자 가운데서 살리신 나사렛 예수 그리스도의 이름으로 이 사람이 건강하게 되어 너희 앞에 섰느니라"(행4:10) 사람이 건강하게 된 것도 부활의 예수로 가능하다는 사실을 알아야 한다.

이러한 모든 일들은 부활의 주일에 성도들이 함께 모여서 예배드리고 성령받음으로 이루어진 사건들이다.

"사도와 함께 모이사 그들에게 분부하여 이르시되 예루살렘을 떠나지 말고 내게서 들은바 아버지께서 약속하신 것을 기다리라"(행1:4) 예수는 부활 후 40일간 제자와 함께 계셨고, 승천하시기 전에 이처럼 말씀하셨다. 이에 제자들은 부활의 날에 모였고 성령이 임했던 것이다.

부활의 주일에 성령의 체험과 약속하신 성령이 강림했다. 성령의 임재를 알려주는 사건이었다. 험한 이 세상을 평안과 승리로 살아갈 수 있는 신령한 은혜를 받는 귀중한 날이 곧 주일이다.

3

율법에서 복음으로

> 당신은 구원받은 그리스도인입니다. 그렇다면 묻습니다.
> 정말 부활을 아십니까? 예수 부활을 믿고 있습니까?
> 그렇게 알고 믿는다면 바뀌어야 합니다. 아직도 바뀌지 않았으면 아닙니다.
> 무엇이 바뀌는 것입니까? 율법에서 복음으로 바뀌는 것입니다.

 예수 부활은 율법을 복음으로 바꾼 새 역사의 사건이 된다.
 모든 사람에게 율법은 꼭 필요하다. 율법을 통하여 사람들은 더 온전케 될 수 있기 때문이다.
 "그러면 어떠하냐 우리는 나으냐 결코 아니라 유대인이나 헬라인이나 다 죄 아래에 있다고 우리가 이미 선언하였느니라, 기록된바 의인은 없나니 하나도 없으며"(롬3:9-10) **율법**으로는 아무도 죄를 벗어날 수 없다. 율법 앞에는 그 누구도 의인이 없다. 모든 사람을 죄인으로 만들기 때문에 율법은 좋은 소식이 될 수 없다. 좋은 소식은 살리는 것이기 때문이다.
 "그러므로 율법의 행위로 그의 앞에 의롭다 하심을 얻을 육체가 없나니 율법으로는 죄를 깨달음이니라"(롬3:20) 율법을 통하여 죄를 알고 발견하게 된다. 울법의 목적은 죄를 깨닫게 하기 위함이다. 그렇기에 이 율법은 사람을 죄인으로 만드는 결과가 된다.

"사람이 의롭게 되는 것은 율법의 행위로 말미암음이 아니요 오직 예수 그리스도를 믿음으로 말미암는 줄 알므로 우리도 그리스도 예수를 믿나니 이는 우리가 율법의 행위로써가 아니고 그리스도를 믿음으로써 의롭다 함을 얻으려 함이라 율법의 행위로써는 의롭다 함을 얻을 육체가 없느니라"(갈2:16) 율법으로 사람이 의롭게 되지 못한다. 그렇기에 율법은 진정한 복음이 될 수 없다. 죄인으로 만들기 때문이다. 그러면 무엇으로 의롭게 될 수 있는가? 율법의 행위가 아니다. 누구를 막론하고 예수 그리스도의 믿음으로 의롭게 된다. 예수 없이는 불가능하다. 이에 예수가 반드시 필요하다.

"내가 하나님의 은혜를 폐하지 아니하노니 만일 의롭게 되는 것이 율법으로 말미암으면 그리스도께서 헛되이 죽으셨느니라"(갈2:21) 예수가 십자가에 죽은 이유가 있다. 율법이 아닌 십자가를 통하여 의롭게 하기 위함이었다. 이것이 하나님의 은혜이다. 은혜로 살아가는 자가 믿음의 사람이다.

"이같이 율법이 우리를 그리스도께로 인도하는 초등교사가 되어 우리로 하여금 믿음으로 말미암아 의롭다 함을 얻게 하려 함이라"(갈3:24) 그렇지만 율법은 꼭 필요하다. 죄를 깨달아 예수의 복음이 요구되기 때문이다. 이 율법 때문에 오히려 우리는 그리스도께로 나아가게 된다. 율법은 그리스도께로 인도하는 귀한 채찍의 교사가 된다.

율법에 의하면 간음한 여인은 돌을 던져 죽여야 한다. 그러나 예수는 그를 살렸다. 이처럼 율법은 죄인으로 만들지만 예수는 그럼에도 죄인을 살리는 역할을 한다.

"율법 안에서 의롭다 함을 얻으려 하는 너희는 그리스도에게서 끊어지고 은혜에서 떨어진 자로다"(갈5:4) 만약 율법 안에서 의로워진다면 그는 그리스도와는 단절된 자이다. 그리스도의 은혜와 관계가 끊어지고 떨어진 상태이다.

"전에 있던 계명은 연약하고 무익하므로 폐하고"(히7:18) 구약의 율법은 연약하고 무익하다. 오히려 죄인으로 만들 뿐, 죄의 문제를 해결하고 사람을 살릴 수 없다. 그러므로 폐했다.

"율법은 아무 것도 온전하게 못할지라 이에 더 좋은 소망이 생기니 이것으로 우리가 하나님께 가까이 가느니라"(히7:19) 율법은 아무것도 온전하게 못한다. 더 좋은 소망이 생겨야 할 이유가 여기에 있다. 죄지은 인간이 하나님께 가까이 갈 수 있도록 해야 한다. 이것이 복음이다.

"제사장 된 그들의 수효가 많은 것은 죽음으로 말미암아 항상 있지 못함이로되"(히7:23) 그동안 많은 제사장들이 있었다. 그러나 죽음으로 끝났기에 우리와 항상 있지 못한다.

"예수는 영원히 계시므로 그 제사장 직분도 갈리지 아니하느니라"(히7:24) 그러나 예수는 영원히 계신다. 그러므로 제사장의 직분이 바뀌거나 달라지지 않고 영원하다.

"그러므로 자기를 힘입어 하나님께 나아가는 자들을 온전히 구원하실 수 있으니 이는 그가 항상 살아 계셔서 그들을 위하여 간구하심이라"(히7:25) 이제는 예수를 힘입어 하나님께 나아갈수 있게 됐다. 죄의 문제를 해결하고 온전히 구원받을 수 있게 됐다. 예수는 항상 살아계시기에 영원한 우리의 구원자가 된다. 죽음을 이기고 부활하여 영원히 살아계시기 때문이다.

"이러한 대제사장은 우리에게 합당하니 거룩하고 악이 없고 더러움이 없고 죄인에게서 떠나 계시고 하늘보다 높이 되신이라"(히7:26) 예수는 우리에게 합당한 대제사장이 된다. 악과 더러움이 없고 거룩하여 죄인에게서 떠나 계시기 때문이다.

"그는 저 대제사장들이 먼저 자기 죄를 위하고 다음에 백성의 죄를 위하여 날마다 제사 드리는 것과 같이 할 필요가 없으니 이는 그가 단번에 자기를 드려 이루셨음이라"(히7:27) 죄 때문에 날마다 드리는 제사가 더 이상 필요없다. 십자가와 부활로 완전히 해결하셨다.

"율법은 약점을 가진 사람들을 제사장으로 세웠거니와 율법 후에 하신 맹세의 말씀은 영원히 온전하게 되신 아들을 세우셨느니라"(히7:28) 이처럼 율법은 약점 투성이의 사람을 세웠기에 불가능했다. 그러나 예수를 하나님의 아들로 보내서 죽음을 이기고 부활하게 하셨다. 예수를 영원히 온전하게 세우셨다.

"저 첫 언약이 무흠하였더라면 둘째 것을 요구할 일이 없었으려니와"(히8:7) 첫 언약의 율법이 무흠하고 흠이 없었더라면 문제가 없다. 그러나 절대로 그렇지 않기에 완벽한 예수의 복음이 필요했다.

"율법은 장차 올 좋은 일의 그림자일 뿐이요 참 형상이 아니므로 해마다 늘 드리는 같은 제사로는 나아오는 자들을 언제나 온전하게 할 수 없느니라"(히10:1) 율법은 장차 올 좋은 일의 그림자에 불과할 뿐 참 형상이 아니다. 율법으로는 해마다 제사를 드려야 한다. 율법은 제한적이며 언제나 온전하게 할 수 없다.

"내가 율법이나 선지자를 폐하러 온 줄로 생각하지 말라 폐하러 온 것이 아니요 완전하게 하려 함이라"(마5:17) 그러나 예수는 율법을 폐하는 것이 아니다. 오히려 완전하고 완벽하게 그리고 온전하게 하는 완성이 된다. 율법은 언제나 불안전하고 온전치 못하다. 그렇다고 이를 폐기할 것이 아니다. 예수가 필요하다. 예수가 모든 문제의 해결이기에 복음이며 기쁨이 된다. 이처럼 예수 부활은 율법을 복음으로 완벽하게 바꾼 인류 모두에게 큰 기쁨의 구원이 된다.

"오직 그리스도는 죄를 위하여 한 영원한 제사를 드리시고 하나님 우편에 앉으사"(히10:12) 이처럼 죄의 문제를 그리스도께서 완전하게 해결하셨다. 단 한번의 십자가를 통하여 영원한 제사를 드렸다. 그리고 죽음을 이기고 부활하여 하나님 우편에 계신다.

예수 부활은 복음을 복음되게 했다. 만약 부활이 없다면 그 예수는 진정한 복음이 될 수 없었을 것이다. 그렇기에 부활은 율법을 복음으로 바꾼 아주 귀한 사건이 된 것이다. "그런즉 어찌하리요 우리가 법 아래에 있지 아니하고 은혜 아래에 있으니 죄를 지으리요 그럴 수 없느니라"(롬6:15) 율법으로는 죄에 거할 수 밖에 없다. 그러나 은혜 아래 있기에 모든 죄는 죄가 아니다. 그 죄에 대하여 용서를 받는다. 이것이 구속의 은혜이다. 또한 죄와 상관없이 죽음까지 이긴 완전한 부활의 승리가 된다.

"너희 자신을 종으로 내주어 누구에게 순종하든지 그 순종함을 받는 자의 종이 되는 줄을 너희가 알지 못하느냐 혹은 죄의 종으로 사망에 이르고 혹은 순종의 종으로 의에 이르느니라"(롬6:16) 사람은 누구의 종이 되느냐가 중요하다. 누구에게 순종하느냐에 따라서 달라진다. 죄에 순종하면 그는 죄인이고 사망이다. 그러나 순종의 종으로 의에 이르게 된다. 만약 율법의 종으로 있다면 결국 사망인데, 십자가와 부활로 말미암아 의에 이르게 되었다.

"하나님께 감사하리로다 너희가 본래 죄의 종이더니 너희에게 전하여 준 바 교훈의 본을 마음으로 순종하여 죄로부터 해방되어 의에게 종이 되었느니라"(롬6:17-18) 그래서 하나님께 감사할 수 밖에 없다. 우리는 본래 죄의 종이었다. 그럼에도 복음에 순종하여 죄에서 해방되었다. 그리고 의의 종이 되었다. 이제는 죄의 율법에서 완전히 해방되었다. 그리고 죽음을 이긴 부활의 그리스도의 종으로 의롭게 되었다. 이 은혜 아래 거하는 자가 구원받은 성도이다.

이처럼 예수의 십자가와 부활은 구원을 완벽하게 완성시킨 하나님의 은혜이다. 율법의 완성은 예수 그리스도이다. 이는 마지막 부활로 완전히 이루어졌다. 예수 부활은 율법의 죄인을 구원으로 바꾸었다. 이에 모든 그리스도인에게 즐거움과 행복을 주는 복음이 되었다. 모든 사람에게 좋은 소식이 되는 복음은 바로 예수 부활 때문에 이루어졌다.

4

할례에서 세례(침례)로

> 당신은 구원받은 그리스도인입니다. 그렇다면 묻습니다.
> 정말 예수 부활을 알고 또 믿으십니까?
> 그렇다면 바뀌어야 합니다. 아직도 아니라면 부활을 모르는 것입니다.
> 무엇이 바뀐다는 것입니까? 할례에서 침례로 바뀌었습니다.

할례를 세례(침례)로 바꾼 사건이 예수 부활이다.

"너희 중 남자는 다 할례를 받으라 이것이 나와 너희와 너희 후손 사이에 지킬 내 언약이니라"(창17:10) 구약의 율법에서는 모든 남자들은 할례를 받아야 했다.

"너희는 포피를 베어라 이것이 나와 너희 사이의 언약의 표징이니라"(창17:11) 언약의 표징이 되기 때문에 다 할례를 해야 했다.

"너희의 대대로 남자는 집에서 난 자나 또는 너희 자손이 아니라 이방사람에게서 돈으로 산 자를 막론하고 난지 팔일 만에 할례를 받을 것이라"(창17:12) 태어나면 8일째 할례를 받았다.

그래서 아브라함도 그의 자녀들도 할례를 받았다. 이스라엘 백성으로 선택된 자들은 모두가 할례를 받아야 했다. 그렇지만 지금은 아니다. 할례가 없어진 것이 아니라 바뀐 것이다. 무엇으로 뀌었는가? 세례로 바뀌었다. 왜, 그렇게? 어떻게 바뀌었나? 예수 부활 때문에 바뀌었다. 이제는 할례가 아니라 세례를 받아야 한다. 부활로 말미암아 세례가 되었다.

예수가 내 죄를 사해 주는 구원자임을 믿고 영접하면 세례를 받는다. 그리고 구원받은 성도로 구별된다. 그러므로 세례는 믿음의 시작이며 기본이다. 세례를 받아야 입교인이 된다. 교회 일원이 되어서 집사 권사 장로 등의 직분을 받고 충성하게 된다. 이처럼 세례는 신앙생활의 첫 출발이 되기에 매우 중요한 예식이다.

이렇게 세례가 중요한 이유가 무엇인가? 죄를 장사지내는 것이기 때문이다. 죄사함은 오직 보혈로 가능한데 이 십자가의 믿음을 행함으로 표현한 것이 바로 세례이다.

"그러므로 우리가 그의 죽으심과 합하여 세례를 받음으로 그와 함께 장사되었나니 이는 아버지의 영광으로 말미암아 그리스도를 죽은 자 가운데서 살리심과 같이 우리로 또한 새 생명 가운데서 행하게 하려 함이라"(롬6:4) 세례를 받음으로 예수와 함께 죄가 장사되었다. 이는 예수가 죽음에서 다시 살아나심으로 우리도 또한 영원한 새 생명 가운데 행하게 된다.

할례로는 죄의 문제를 해결할 수 없다. 그러나 세례를 통하여 죄가 장사되고 죄인에서 의인으로 바뀌는 놀라운 예식이 된다.

"너희가 세례로 그리스도와 함께 장사되고 또 죽은 자들 가운데서 그를 일으키신 하나님의 역사를 믿음으로 말미암아 그 안에서 함께 일으키심을 받았느니라"(골2:12) 그리스도와 함께 장사지냈다. 이것이 바로 세례이다. 세례를 통하여 죄를 장사지내고 죽음과 상관없이 다시 예수 안에서 믿음으로 함께 일으키심을 받았다. 이것이 부활이다.

그렇기에 세례를 받아 죄사함 받은 자가 부활에 참여하게 된다. 불가능한 죄의 문제를 세례로 해결하고 예수 부활이 나의 부활로 구원을 이룬 것이다.

"또 그 안에서 너희가 손으로 하지 아니한 할례를 받았으니 곧 육의 몸을 벗는 것이요 그리스도의 할례니라"(골2:11) 손으로 하는 할례가 아니라 예수의 할례이다. 이것이 바로 죄를 장사지내는 세례이다.

세례(침례)를 받으면 그 이름이 생명책에 기록된다. 죄사함의 거듭남으로 하늘나라 생명책에 기록되는 것인데 이 행위가 세례이다. 죄인은 전과자의 이름에 있지만 성도는 다르다.

"누구든지 생명책에 기록되지 못한 자는 불 못에 던져지더라"(계20:15) 이름이 어디 있느냐가 매우 중요하다. 학교에 이름이 있어야 그 학교 학생이다. 이름이 없으면 학생으로 인정받지 못한다. 회사에 이름이 있어야 월급이 나오고 진급도 된다. 이름이 없으면 아무런 의무와 권리도 없다. 세상에 태어나서 살아갈 때도 이름이 있어야 사람구실을 한다. 만약 이름이 없으면 사생아가 되어 비참하다.

세례받은 자들은 그 이름이 생명책에 기록된 자들이다. 만약 생명책에 이름이 없으면 그는 불 못에 들어간다. 구원받은 자들이 들어가야 할 거룩한 성 예루살렘에는 이름이 있다.

"크고 높은 성곽이 있고 열두 문이 있는데 문에 열두 천사가 있고 그 문들 위에 이름을 썼으니 이스라엘 자손 열두 지파의 이름들이라"(계21:12)

"그 성의 성곽에는 열두 기초석이 있고 그 위에는 어린 양의 열두 사도의 열두 이름이 있더라"(계21:14)

"무엇이든지 속된 것이나 가증한 일 또는 거짓말하는 자는 결코 그리로 들어가지 못하되 오직 어린 양의 생명책에 기록된 자들만 들어가리라"(계21:27) 생명책에 이름이 없으면 새 예루살렘에 들어가지 못한다. 구원의 자리에서 탈락된다.

"이기는 자는 내 하나님 성전에 기둥이 되게 하리니 그가 결코 다시 나가지 아니하리라 내가 하나님의 이름과 하나님의 성 곧 하늘에서 내 하나님께로부터 내려오는 새 예루살렘의 이름과 나의 새 이름을 그이 위에 기록하리라"(계3:12) 이기는 자가 성전의 기둥이 되며 새 예루살렘에 이름이 기록된다. 죄를 이기는 것이다. 세례 받음으로 죄를 장사 지냈기에 죄를 완전히 이긴 자가 되었다. 세례는 죄사함이며 죄를 장사지냈기에 생명책에 이름이 기록된다.

 세례(침례)는 그리스도의 옷을 입는 것이다.
 "누구든지 그리스도와 합하기 위하여 세례를 받은 자는 그리스도로 옷 입었느니라"(갈3:27) 옷은 그 의미가 많다. 그리스도의 옷을 입는 행위가 세례다. 어떤 옷을 입느냐가 매우 중요하다. 그리스도의 옷을 입었기에 그리스도인이다.
 "이에 그들의 눈이 밝아져 자기들이 벗은 줄을 알고 무화과 나뭇잎을 엮어 치마로 삼았더라"(창3:7) 부끄러움을 알고 옷을 만들어 입었지만 여전히 부끄러운 죄인에 불과하다.
 "여호와 하나님이 아담과 그의 아내를 위하여 가죽옷을 지어 입히시니라"(창3:21) 죄를 지은 인간에게 하나님께서 친히 옷을 만들어 입히셨다. 이 옷은 예수를 의미한다. 옷은 상황에 따라 입는 것이 달라진다. 세례는 예수 옷을 입는 행위이다. 죄의 옷을 벗어버리고 이제는 그리스도의 옷을 입고 살아가는 구원받은 자가 될 것이다.
 옷은 그 사람의 신분을 나타내고 그를 의미한다. 그렇기에 그리스도인의 신분을 가지고 살아가게 된다. 그리스도의 옷을 입고 바른 그리스도인의 정체성을 갖고 살아갈 수 있다. 예수 그리스도의 옷을 입었기에 그 권위가 있고 또 보호를 받게 된다. 그런데 만약에 부활이 없다면 아직도 할례를 받아야 하고 이것으로 완전한 구원을 이룰 수 없었을 것이다.

"밤이 깊고 낮이 가까웠으니 그러므로 우리가 어두움의 일을 벗고 빛의 갑옷을 입자"(롬13:12) 어두움을 벗고 완벽한 빛의 갑옷을 입어야 한다.

"오직 주 예수 그리스도로 옷 입고 정욕을 위하여 육신의 일을 도모하지 말라"(롬13:14) 예수의 옷을 입고 거룩한 삶을 살아가야 한다.

"보라 내가 도둑 같이 오리니 누구든지 깨어 자기 옷을 지켜 벌거벗고 다니지 아니하며 자기의 부끄러움을 보이지 아니하는 자는 복이 있도다"(계16:15) 구원받은 성도의 신분으로 부끄럽지 않게 살아가야 한다.

이처럼 예수 부활은 할례를 세례로 바꾸었다. 자랑스럽고 축복된 사람으로 바꾸어 놓은 최고의 사건이 된다.

5

백성에서 자녀로

> 당신은 구원받은 그리스도인입니까? 그렇다면 묻습니다.
> 정말 예수 부활을 알고 믿고 있습니까?
> 그렇게 알고 믿는다면 바뀌었어야 합니다. 아니라면 아직도 아닙니다.
> 무엇이 바뀌는 것입니까? 백성에서 자녀로 바뀌어야 합니다.

예수 부활은 백성을 하나님의 자녀로 바꾸어 놓은 놀라운 사건이 된다.

이는 엄청난 변화이며 축복이다. 왜냐하면 백성과 자녀는 하늘과 땅 차이가 난다. 백성은 일을 해야 하고 수고하며 땀을 흘려야 한다. 우리나라는 지난날에 일본의 속국되어 종으로 살았던 경험이 있다. 비참한 노예에 불과했고 전혀 자유가 없었다.

그러나 자녀는 다르다. 일을 안해도 언제든지 먹고 입고 살아가는데 필요한 모든 것들을 풍족하게 공급해 주시는 부모님이 계신다. 하나님의 자녀가 된 것은 놀라운 축복이다.

"아버지는 종들에게 이르되 제일 좋은 옷을 내어다가 입히고 손에 가락지를 끼우고 발에 신을 신기라"(눅15:22) 종들은 일을 해야 한다. 백성들이 그렇다. 그러나 자녀는 아버지의 사랑으로 제일 좋은 옷을 입고 손가락지와 신을 신고 살아가는 자격이 있다.

"그리고 살진 송아지를 끌어다가 잡으라 우리가 먹고 즐기자"(눅15:23) 종들은 심부름만 하고 수고를 했다. 그러나 자녀는 일하지 않아도 아버지의 사랑으로 마음껏 먹고 즐길 수 있는 축복된 자이다. 좋으신 아버지가 있으면 그 자녀는 언제든지 아버지 집에서 즐겁게 살아갈 수 있다.

"수고하고 무거운 짐 진 자들아 다 내게로 오라 내가 너희를 쉬게 하리라"(마11:28) 언제든지 예수 안에서 편히 쉬고 복된 삶을 살 수 있다. 자녀이기 때문이다. 그러나 백성은 내가 열심히 일을 해도 다 내 것이 아니다. 세금도 내야 한다. 자녀는 세금도 없고 아버지의 풍성함을 내 것으로 마음껏 쓰고 사용할 수 있다. 누가 뭐라고 시비를 걸지도 않는다. 잘못했다고 야단치거나 감옥에 보내는 것도 아니다. 언제나 아버지 집이 내 집이 되어 즐길 수 있다. 함께 살아가며 행복을 나누고 사랑을 노래할 수 있는 것이다.

"내가 너희를 고아와 같이 버려두지 아니하고 너희에게로 오리라"(요14:18) 하나님의 자녀는 고아가 아니기에 절대로 버리지 않는다. 고아처럼 어둠과 배고픔에서 방황할 이유가 없다. 모든것이 넘치는 나의 아버지가 계시기 때문이다. 내 모든 형편 잘 아시는 아버지께서 모든 것을 미리 아시고 붙잡아 주고 도와주신다. 고아는 다 내가 해야 하고 늘 외롭지만 자녀는 언제나 든든한 후원자가 있는 것이다.

'나 속죄함을 받은 후 성령이 오셔서 하나님 자녀된 것을 곧 증거합니다. 나 속죄 받은 후 나 속죄 받은 후 주를 찬미하겠네 나 속죄 받은 후 주의 이름 찬미하겠네' 찬송가 283장 3절처럼 하나님 자녀인 것을 망각하지 않고 떳떳하게 살아가야 한다.

그러나 이처럼 하나님의 자녀임에도 불구하고 아버지를 모르는 자들이 있다. 아직도 백성으로 힘들게 살아가는 많은 사람들이 있다. 구원받은 성도라면 그렇게 살아갈 이유가 없다. 그리스도인은 예수 부활을 믿는 자이기에 자녀의 권세를 마음껏 누릴 자격이 있는 것이다.

"영접하는 자 곧 그 이름을 믿는 자들에게는 하나님의 자녀가 되는 권세를 주셨으니"(요1:12) 이미 자녀의 권세를 받았다. 자녀에게 주어지는 특권은 한두 가지가 아니다. 그럼에도 내가 수고하고 힘들게 살아가는 백성이 되면 어리석은 자이다. 이제는 신분이 완전히 바뀌었음을 알아야 한다.

"너희는 다시 무서워하는 종의 영을 받지 아니하고 양자의 영을 받았으므로 우리가 아빠 아버지라고 부르짖느니라"(롬8:15) 예수 부활을 믿는 그리스도인은 자녀이기에 하나님을 아버지라 부를 자격이 있다. 백성은 절대로 아버지라 부를 수 없다. 자녀이기에 이 놀라운 자격과 특권을 부여받았다. 아버지라고 부르는 것은 엄청난 축복이다. 자녀의 자부심을 갖고 그 정체성을 지켜야 한다.

아버지라 부르는 특권이 바로 예배이다. 아무나 아버지라고 부르지 못한다. 자녀만이 할 수 있다. 주일마다 아버지를 찬양하며 예배를 드리면서 스스로 백성이라고 하는 것은 모순이다. 아버지라고 부르면서 정작 하나님의 백성이라고 말하는 것은 앞뒤가 안 맞는다.

하나님 자녀가 아닌 백성들은 절대로 하나님께 아버지라 부르지 못한다. 그렇기에 예배도 모르고 주일도 지키지 않는다. 당연히 아버지의 말씀도 듣지 않고 살아간다. 이처럼 자녀의 특권은 아버지께 예배하고 또 아버지의 사랑과 축복을 받고 누리는 것이다.

또 자녀들은 아버지의 보호를 받을 권리가 있다. 생명으로 이루어진 자녀이기에 아버지는 모든 것을 다 책임져 주신다. 자녀들은 내가 걱정하거나 염려할게 없다. 전지전능하신 하나님 아버지가 완벽하시기 때문이다. 지금 코로나19로 온 세계가 시끄럽고 사람들은 걱정하고 있다. 그러나 자녀들은 하나님 아버지가 보호하고 지키시기에 두렵지 않다. 능력의 하나님이 우리 아버지 되시기에 불안할 이유가 없다. 오히려 아버지의 일하심을 기대하며 감사함으로 더욱 의지하고 신뢰해야 할 것이다.

"성령이 친히 우리의 영과 더불어 우리가 하나님의 자녀인 것을 증언하시나니"(롬8:16) 성령께서 직접 우리가 하나님 자녀인 것을 증거하고 있다.

"자녀이면 또한 상속자 곧 하나님의 상속자요 그리스도와 함께 한 상속자니 우리가 그와 함께 영광을 받기 위하여 고난도 함께 받아야 할 것이니라"(롬8:17) 연약한 성도들에게 확실한 약속을 하셨다. 자녀이기에 상속자이다. 하나님 아버지의 상속 받을 권한과 축복도 가지고 있다. 이 어마어마한 자녀에게 허락된 것을 속여서 백성으로 전락시키는 유혹에 넘어가면 안된다. 이러한 자녀의 권세는 예수 부활로 이루어졌다.

"그들은 다시 죽을 수도 없나니 이는 천사와 동등이요 부활의 자녀로서 하나님의 자녀임이라"(눅20:36) 부활이 없다고 주장하는 사두개인들이 이렇게 말하고 있다. 여기에서 성도의 신분과 특권을 부활의 자녀라고 했다. 예수 부활을 부인하는 사람들은 하나님의 자녀가 될 수 없다는 사실을 밝히고 있다. 예수 부활로 자녀의 권세를 회복해야 한다.

"보라 아버지께서 어떠한 사랑을 우리에게 베푸사 하나님의 자녀라 일컬음을 받게 하셨는가, 우리가 그러하도다 그러므로 세상이 우리를 알지 못함은 그를 알지 못함이라"(요일3:1) 이렇게 자랑스런 자녀가 된 것은 특별한 하나님 아버지의 사랑에서 시작되었다.

이제 아버지의 사랑을 알고 자녀됨의 특권과 축복을 받고 누려야 한다. 자녀로서 마음껏 아버지를 찬양하며 예배하고 영광 돌릴 수 있어야 한다. 이제는 고생 끝, 행복 시작의 귀한 하나님의 자녀들이다. 지금 이시간도 부활의 주님은 백성으로 고생하지 말고 내게 오라고 부르고 계신다.

6

종에서 아들로

> 당신은 구원받은 그리스도인입니다. 그렇다면 묻습니다.
> 정말 부활을 알고 또 예수 부활을 믿고 있습니까?
> 그렇게 알고 믿는다면 바뀌어야 합니다. 바뀌지 않았다면 아직도 아닙니다.
> 무엇이 바뀌는 것입니까? 이제는 종에서 아들로 바뀌어야 합니다.

예수 부활은 종을 아들의 신분으로 바꾼 사건이다.

만약 부활이 없다면 우리는 아직도 종의 신분을 벗어나지 못했을 것이다. 종은 아무런 권한도 없고 자유도 없는 존재다. 그러나 예수 부활은 우리의 신분을 아들로 바꾸었기에 그 권세는 대단하다.

"너희가 다 믿음으로 말미암아 그리스도 예수 안에서 하나님의 아들이 되었으니"(갈3:26) 성도는 믿음으로 구원받았고 또 종이 아니라 아들인 것이다. 이유는 예수 때문이며 그리스도 예수 안에서 가능하다.

"그리스도께서 다시 살아나신 일이 없으면 너희의 믿음도 헛되고 너희가 여전히 죄 가운데 있을 것이요"(고전15:17) 가장 중요한 것은 예수 부활의 믿음이어야 한다. 만약 부활이 없으면 여전히 죄인으로 머물러 있고 모든 믿음이 헛될 뿐이다. 부활이 없는 다른 종교의 믿음은 모두 구원이 없기에 헛것이다. 부활의 믿음이 없이는 구원도 없고 여전히 죄인으로 살아갈 뿐이다. 아들의 신분으로 바뀐 것은 부활의 믿음으로만 가능한 것이다.

"예수께서 이르시되 나는 부활이요 생명이니 나를 믿는 자는 죽어도 살겠고, 무릇 살아서 나를 믿는 자는 영원히 죽지 아니하리니 이것을 네가 믿느냐"(요11:25-26) 부활 때문에 영원한 생명이 가능하다. 예수 부활을 믿는 자에게 죽음이 아닌 영생이 주어진다. 이제는 믿음의 단계를 부활의 믿음으로 끌어 올려야 한다. 그리고 이 부활이 실제 내 삶의 믿음으로 나타나야 한다.

"그러므로 네가 이 후로는 종이 아니요 아들이니 아들이면 하나님으로 말미암아 유업을 받을 자니라"(갈4:7) 이제는 아들로서 그 모든 권리를 마음껏 주장할 수 있게 되었다. 또한 하나님 아버지의 유업을 받을 자격이 주어졌다. 종은 유업도 없고 아무런 보장도 받지 못한다.

"이기는 자는 이것들을 상속으로 받으리라 나는 그의 하나님이 되고 그는 내 아들이 되리라"(계21:7) 예수는 모든 것을 이기신 완전 승리자다. 모든 죄를 다 이겼다. 또 아무도 이기지 못하고 해결하지 못하는 죽음까지 완벽하게 이김으로 승리하셨다. 이것이 바로 예수 부활인 것이다. 이 예수 부활로 말미암아 우리는 생명을 상속받고 하나님의 아들이 되었다.

찬송가 160장처럼 사망과 어두움의 모든 원수를 다 이긴 것이다. '원수를 다 이기고 무덤에서 살아 나셨네 어두움을 이기시고 나와서 성도함께 길이 다스리시네 사셨네 사셨네 예수 다시 사셨네' 하나님 아버지의 아들이 되어 그 자격으로 성도들은 자랑스럽게 기쁨으로 승리와 부활의 찬송을 부른다.

"예수께서 대답하시되 진실로 진실로 너희에게 이르노니 죄를 범하는 자마다 죄의 종이라"(요8:34) 성도는 더 이상 죄의 종이 아니다. 예수께서 부활하심으로 온전하게 죄를 해결하셨기 때문이다.

"종은 영원히 집에 거하지 못하되 아들은 영원히 거하나니"(요8:35) 성도는 종이 아니다. 이제는 누가 뭐래도 떳떳한 아들의 신분으로 아버지 집에 영원히 거하게 되었다. 전능하신 하나님 아버지의 눈에 넣어도 아프지 않은 아들이 되었다. 우리 아버지의 것을 가지고 얼마든지 부자로 살아갈 수 있다. 아버지가 부자이기에 아들도 부자이다.

하나님 아버지는 온 세계를 창조했다. 아들은 아버지의 창조세계를 마음껏 누리며 살아갈 권리가 있다. "하나님이 그들에게 복을 주시며 하나님이 그들에게 이르시되 생육하고 번성하여 땅에 충만하라, 땅을 정복하라, 바다의 물고기와 하늘의 새와 땅에 움직이는 모든 생물을 다스리라"(창1:28)의 약속 그대로 모든 것을 다 누릴 자격이 있는 것이다. 태평양 바다의 큰 물고기도 사실은 아버지 것이며 주인이 하나님이다. 다만 그 고기를 잡느라고 수고한 어부에게 수고의 댓가로 돈을 지불하는 것이다.

"그리스도께서 우리를 자유롭게 하려고 자유를 주셨으니 그러므로 굳건하게 서서 다시는 종의 멍에를 메지 말라"(갈5:1) 이제는 더 이상 종이 아니기에 종의 그 무거운 멍에를 짊어지면 안된다. 이 모든 멍에들을 예수께서 이미 다 해결하셨다. 가난과 질병, 고통과 온갖 상처의 모든 멍에와 무거운 짐들을 더 이상 질 필요가 없다. 이제는 아들로서 다 벗어버리고 마음껏 자유를 누리면 된다. 이것이 그리스도인이요, 아들 된 성도이다.

아들은 언제든지 아버지 그늘 아래서 아버지 품안에서 자유하고 편안하다. 종은 자기만의 시간도 없고 언제나 매여 있어야 한다. 그리고 자기 마음대로 어디든지 가거나 밥도 먹을 수 없다. 꼭 주인의 허락을 받아야 한다. 그렇지 않으면 문제가 된다. 그러나 아들은 괜찮다. 아들이기에 자유하다. 아들로서 자유를 만끽하자. 자유를 빼앗기면 절대로 안된다. "진리를 알지니 진리가 너희를 자유롭게 하리라"(요8:32) 아들로서 자유를 차지해야 한다.

어떻게 아들이 될 수 있는가? 낳아야 된다. 낳지 않으면 불가능하다.

"내가 여호와의 명령을 전하노라 여호와께서 내게 이르시되 너는 내 아들이라 내가 오늘날 너를 낳았도다"(시2:7) 누가 낳았느냐가 중요하다. 만약 호랑이가 낳으면 호랑이의 새끼가 되어 그렇게 살아간다. 호랑이의 생명을 가지고 있기에 동물의 왕이 되어 짐승을 잡아 먹을 수 있다. 사람이 된 것은 사람이 낳았기 때문이다. 사람의 생명을 가지고 그의 자녀로 살아간다. 그러나 그리스도인은 또 다르다. 육으로는 사람이 낳았지만 사실은 하나님이 낳은 것이다. 그래서 하나님께서 내 아들이라고 했다.

하나님께서 어떻게 낳으셨는가? 구체적으로 하나님이 낳은 방법이 무엇인가?

"영접하는 자 곧 그 이름을 믿는 자들에게는 하나님의 자녀가 되는 권세를 주셨으니"(요1:12) 예수 그리스도를 영접함으로 된다. 믿음으로 하나님이 낳아서 자녀가 된다.

"예수께서 그리스도이심을 믿는 자마다 하나님께로부터 난 자니 또한 낳으신 이를 사랑하는 자마다 그에게서 난자를 사랑하느니라"(요일5:1) 예수 그리스도를 믿으면 가능하다. 그리스도를 믿을 때에 하나님이 낳으신 아들이 되는 것이다.

예수가 그리스도이심을 믿는 것은 구원자로서 십자가와 예수 부활까지 믿는 것이다. 예수 부활을 믿는 성도는 하나님이 낳았고 하나님 자녀이기에 하나님의 생명을 소유한 자이다. 하나님의 생명이기에 죽음도 이겼다.

"예수께서 하나님의 아들이심을 믿는 자가 아니면 세상을 이기는 자가 누구냐"(요일5:5) 하나님의 아들이심을 믿는 것이 구원이고 영생이다. 이 모든 것들은 다 예수 부활로 가능케 된 것이다.

7

공동체에서 생명체로

> 당신은 구원받은 그리스도인입니다. 그렇다면 묻고 싶습니다.
> 정말 부활을 아십니까? 예수 부활을 믿고 있습니까?
> 그렇게 알고 믿는다면 바꿔야 할 것이 있습니다.
> 무엇이 바뀌는 것입니까? 공동체에서 생명체로 바뀌어야 합니다.

예수 부활은 공동체를 생명체로 바꾸어 놓은 놀라운 사건이다.

이 세상은 모두가 공동체를 만들어서 살아가고 있다. 그렇기에 삶의 현장은 만남을 통하여 공동체를 이룬다. 학교와 회사, 직장 등의 사람들이 모인 곳이기에 다 공동체이다. 그곳에서 같은 목적을 가지고 함께 돕고 같은 마음의 공동체 정신으로 공동의 선을 이루어 가고 있다.

특별한 목적으로 그 단체의 목적을 달성하기 위하여 함께 모였기에 또 언제든지 목적이 다르거나 틀리면 다시 흩어질 수 있다. 얼마든지 상황에 따라 다시 파괴될 수도 있다. 세상의 많은 단체들이 함께 뜻을 모아서 공동체로 살아가고 있지만 사실은 영원할 수 없는 것이다. 정치를 하는 각 정당들도 공동체이기에 수시로 각자의 입장과 목적에 따라 바뀐다. 대통령 선거나 자기의 뜻과 목적에 따라서 늘 탈당하고 깨어진다. 자기들의 또다른 공동체를 다시 만들어서 뜻을 펼쳐가고 있다. 이유는 공동체이기 때문이다.

그러나 생명체는 아니다. 절대로 그렇게 될 수 없다. 어린 생명의 핏덩어리를 해외에 입양 시켰다. 양부모가 먹이고 입히고 잘 가르쳤고 정성껏 키웠다. 얼마나 고맙고 생명의 은인인가, 나이가 들고 자라서 양부모께 감사를 드린다. 그러나 누가 시키지 않아도 그는 자기를 버린 부모를 사모하고 찾는다. 한국말을 못하고 한번도 보거나 아는 것이 없어도 늘 그립고 만나고 싶은 것이다. 왜냐하면 피로 이루어진 생명이기 때문이다. 생명체는 버릴 수 없다. 생명체는 깨어질 수 없다. 혹 버려도 다시 찾게 된다. 피는 물보다 진한 것이다. 피로 만들어진 가정만이 생명체이기에 똑같이 아버지라 부르며 형제자매가 된다. 피로 말미암아 아버지와 자녀가 되었다. 생명이기에 그 안에서 함께하는 행복과 축복이 있는 것이다.

이 세상의 모든 공동체 가운데 가족 말고 또 하나의 공동체가 아닌 예외가 있다. 부모와 자녀의 피로 이루어진 가족만이 생명체인데 여기에 교회가 그렇다. 교회는 예수 피로 이루어진 한 가족의 생명체이다. 그래서 성도들은 하나님 한분에게 똑같이 아버지라고 부른다. 그리고 그 은혜에 감격하며 함께 예배하며 섬긴다.

"값으로 산 것이 되었으니 그런즉 너희 몸으로 하나님께 영광을 돌리라"(고전6:20) 성도는 그리스도의 핏값으로 사신 바 된 자들이다. 그렇기에 당연히 몸으로 영광을 돌려야 한다.

"너희는 값으로 산 것이니 사람들의 종이 되지 말라"(고전 7:23) 성도는 피로 이루어진 관계이다. 사람의 방법으로 만들거나 인위적인 공동체가 아니므로 그 누구의 종이 될 수 없다.

"나의 성도들을 내 앞에 모으라 그들은 제사로 나와 언약 한 이들이니라"(시50:5) 십자가의 제물 되신 예수의 피로 언약이 이루어진 관계가 성도들이다. 그렇기에 성도들은 하나님 앞에서 살아가는 자들로서 영원한 생명으로 천국까지 보장되었다.

"육체의 생명은 피에 있음이라, 생명이 피에 있으므로 피가 죄를 속하느니라"(레17:11)

"모든 생물은 그 피가 생명과 일체라"(레17:14) 피는 생명인 것이다. 혈육의 피로 이루어진 것이 가족이다. 그리고 예수 피로 이루어진 것이 성도이다.

"하나님이 자기 피로 사신 교회를 보살피게 하셨느니라"(행 20:28) 또 교회는 하나님께서 피로 친히 사셔서 세우셨다.

찬송가 208장에서도 피흘려 사신 교회라고 말하고 있다.

"내 주의 나라와 주 계신 성전과 피흘려 사신 교회를 늘 사랑합니다" 그렇기에 성도와 교회는 영원한 속죄의 핏값으로 만들어진 생명체인 것이다.

그럼에도 교회에서 공동체라는 말을 사용하여 주보와 전도지, 팜플렛, 홍보물 등에서 다양한 표현의 '공동체'라고 쓴 것을 쉽게 접하게 된다. 서로 사랑하며 한 마음이 되자는 생각으로 그렇게 말한다. 또 그렇게 설교하는 것도 자주 듣게 된다. 교회이지만 이곳도 사람들이 모인 곳이기에 공동체가 맞고 그렇게 표현하고 있다. 많은 사람들이 함께 모여서 공동체 의식으로 하나님의 뜻을 이루어 가기에 그렇게 말하고 있다.

교회의 공동체를 강조하여 '예배공동체' '선교공동체' '믿음공동체' '기도공동체' '제자공동체' '영적공동체' '샬롬공동체' '섬김의 공동체' '공동체 훈련' '공동체 고백' '순례자의 길을 걷는 공동체' 등의 여러가지로 사명을 감당하고 있다. 그러나 이것은 정확한 표현이 아니다. 왜냐하면 영원한 예수 생명의 피로 이루어졌기 때문이다. 교회와 성도는 정말 다르다. 달라야 한다. 구별된 거룩한 곳이기 때문이다. 세상의 단체와 사람들과는 전혀 다른 차원이다.

찬송가 220장에 "사랑하는 주님 앞에 형제 자매 한자리에 크신 은혜 생각하며 즐거운 찬송 부르네" 여기에서도 형제자매라고 했다. 그냥 저절로 형제 자매가 되는 것이 아니다. 예수 안에서 한 가족이 되었다. 계속 3절 "사랑하는 주님 예수 같은 주로 섬기나니 한 피 받아 한 몸 이룬 형제여

친구들이여 한 몸같이 친밀하고 마음으로 하나되어 우리주님 크신 뜻을 지성으로 준행하세" 여기에서 정확하게 왜 형제자매라고 했는지를 설명하고 있다. 한 피를 받았기 때문이다. 그래서 한 몸을 이룬 형제이다. 인위적으로 만들어진 것이 아니라 예수 보혈로 한 형제자매가 되었다. 한 몸의 가족이다. 이렇게 성도들이 함께 찬송하며 예배할 수 있는 것은 예수 십자가로 죄사함 받고 부활의 주님을 믿기 때문이다.

 다시 말한다. 교회가 예배와 선교를 목적으로 모였다고 예배공동체, 선교공동체라고 하는 것은 바람직하지 않다. 교회는 모두가 다 예수 피로 한 가족된 생명이기 때문에 하나님을 아버지라 부르며 맡겨주신 사명을 감당하고 있는 생명체라 하는 것이 성경적이다.
 "믿는 사람이 다 함께 있어 모든 물건을 서로 통용하고 또 재산과 소유를 팔아 각 사람의 필요를 따라 힘쓰고 집에서 떡을 떼며 기쁨과 순전한 마음으로 음식을 먹고 하나님을 찬미하며 또 온 백성에게 칭송을 받으니 주께서 구원받는 사람을 날마다 더하게 하시니라"(행2:44-47)
 이처럼 초대교회는 성도들이 모여서 함께 먹고 나누며 살았다. 그 이유는 공동체였기 때문이 아니라 생명체였기에 가능했다. 그렇기에 초대교회를 공동체라고 하면 안된다. 몰라서 그렇지 공동체로서는 그렇게 함께 모여서 유무상통하며 살아갈 수 없다. 초대교회는 철저한 예수 부활로 이루어진 생명체였다.

"믿는 무리가 한마음과 한 뜻이 되어 모든 물건을 서로 통용하고 자기 재물을 조금이라도 자기 것이라 하는 이가 하나도 없더라. 사도들이 큰 권능으로 주 예수의 부활을 증언하니 무리가 큰 은혜를 받아"(행4:32-33) 그들에게는 부활이 있었기에 가능했다. 한 마음, 한 뜻이 되고 모든 물건을 통용할 수 있었던 것은 부활신앙이 있었기 때문이다. 초대교회 성도들의 모습은 단순히 사람들이 모인 공동체가 아니었다. 예수 부활의 생명체로 함께 섬겼던 것을 알 수 있다.

"너희가 나무에 달아 죽인 예수를 우리 조상의 하나님이 살리시고"(행5:30)

"우리는 이 일에 증인이요 하나님이 자기에게 순종하는 사람들에게 주신 성령도 그러하니라"(행5:32) 이처럼 베드로와 사도들은 목숨 걸고 부활을 외쳤다.

"하나님이 죽은 자 가운데서 그를 살리신지라"(행13:30)

"곧 하나님이 예수를 일으키사 우리 자녀들에게 이 약속을 이루게 하셨다 함이라 시편 둘째 편에 기록한 바와 같이 너는 내 아들이라 오늘 너를 낳았다 하셨고"(행13:33)

"또 하나님께서 죽은 자 가운데서 그를 일으키사 다시 썩음을 당하지 않게 하실 것을 가르쳐 이르시되"(행13:34)

"하나님께서 살리신 이는 썩음을 당하지 아니하였나니"(행13:37)

"뜻을 풀어 그리스도가 해를 받고 죽은 자 가운데서 다시

살아나야 할 것을 증언하고 이르되 내가 너희에게 전하는 이 예수가 곧 그리스도라 하니"(행17:3)

"그를 죽은 자 가운데서 다시 살리신 것으로 모든 사람에게 믿을 만한 증거를 주셨음이니라 하니라"(행17:31)

"그들이 죽은 자의 부활을 듣고 어떤 사람은 조롱도 하고 어떤 사람은 이 일에 대하여 네 말을 다시 듣겠다 하니"(행17:32) 이처럼 사도들을 통하여 부활의 증언이 계속되었다. 이 복음은 지금도 계속 전파되고 있다. 이것이 교회이기에 부활로 말미암아 생명체인 것이다.

"항상 우리와 함께 다니던 사람 중에 하나를 세워 우리와 더불어 예수께서 부활하심을 증언할 사람이 되게 하여야 하리라"(행1:22) 유다 대신에 맛디아를 뽑을 때에도 그 이유와 목적이 예수께서 부활하심을 증언할 사람을 뽑는 것이었다. 철저하게 초대교회는 예수 부활로 이루어진 생명체였고 지금도 교회는 이를 계속 이어가고 있는 것이다.

이러한 교회의 정확하고 분명한 특성을 모르고 사람들이 모였다고 해서 공동체라고 하면 세상문화를 따라가는 결과가 된다. 예수 부활의 생명체로 이루어진 교회와 성도를 공동체로 전락시켜서 인본주의로 만들면 안된다. 초대교회처럼 다시 예수 부활로 바뀌어 복음의 사명과 정체성을 지켜야 한다. 부활의 신앙으로 공동체에서 생명체로 바뀔 때에 교회가 교회의 능력으로 회복이 가능한 것이다.

8

죄인에서 의인으로

> 당신은 구원받은 진정한 그리스도인입니다. 그렇다면 묻습니다.
> 정말 예수 부활을 믿고 정확히 아십니까?
> 그렇게 알고 있다면 바뀌어야 합니다. 아직도 바뀌지 않았으면 아닙니다.
> 무엇이 바뀌었습니까? 죄인에서 의인으로 바뀐 것입니다.

예수 부활은 죄인을 의인으로 바꾸어 놓은 값진 사건이다.

만약 예수 부활이 없었다면 우리는 여전히 죄 가운데 살아가는 죄인이 되었을 것이다. 그 무엇도 죄의 문제를 완전히 해결할 수 없는 것이기 때문이다. 그렇다면 그 결과 어떻게 되었겠는가? 결국 사망으로 끝나는 것이었을 것이다. 그렇다면 구원도 이루어질 수 없는 것이 되고 말았을 것이다.

"죄의 삯은 사망이요"(롬6:23) 사실 죄 때문에 사망이 온 것이다. 그러나 이 죄의 문제를 예수가 해결했기에 사망의 문제가 깨끗이 해결된 것이다. 결국 사망으로 끝나야 할 죄인을 의인으로 만들게 된 것이다. 만약 예수가 십자가에서 죽음으로 끝났다면 그 십자가는 아무런 의미가 없었을 것이다. 그러나 예수 부활로 말미암아 죄와 죽음을 한꺼번에 완벽하게 해결 한 것이다. 부활은 죄를 해결하는 완성이 되었고, 십자가의 보혈을 능력이 되게 한 놀라운 약속이 이루어진 것이다. 부활의 결과 죄인을 의인으로 바꾸어 놓았다.

 십자가는 죄사함이다. 그러나 이 십자가가 부활로 연결되지 않았다면 그 십자가는 그냥 죽음으로 끝났을 것이다. 죽음으로 끝난 십자가에는 구원이 없고 능력이 될 수 없는 것이다. 죄를 해결할 수 있는 유일한 방법은 십자가뿐이다. 그러나 부활이 없는 십자가는 그냥 죄인으로 끝나는 것일 뿐이다. 죄를 지어서 감옥에 간다고 죄가 해결되지 않는다. 그냥 전과자일 뿐이다. 죄의 결과 죽어야 했지만 예수 십자가로 대속되었다. 그리고 십자가가 구속의 은혜가 되고 보혈이 되며 구원의 능력이 되는 것은 부활이 있기 때문이다. '주의보혈 능력있도다 주의 피 믿으오' '예수 십자가의 흘린 피로서 그대는 씻기어 있는가' '나의 죄를 씻기는 예수의 피 밖에 없네' '속죄함 속죄함 주예수 내 죄를 속했네' 등의 많은 보혈 찬송들이 있다.
 그렇다. 분명히 오직 예수 피, 십자가로만 죄사함 받는다. 십자가에는 죄사함, 용서, 사랑, 은혜, 긍휼, 기쁨, 평강, 감사, 능력, 기적, 구원이 있다. 이 그 이유는 바로 부활이 있기 때문이다. 부활이 없으면 불가능하다. 다른 모든 종교에는 절대로 구원이 없다. 아무리 훌륭하게 살았고 나라를 위하여 죽은 의인이라 할지라도 그가 구원할 수 없다. 부활이 없고 죽음으로 끝났기 때문이다. 오직 예수가 구원의 핵심이 되는 것은 부활로 가능한 것이다.

"우리가 아직 죄인 되었을 때에 그리스도께서 우리를 위하여 죽으심으로 하나님께서 우리에 대한 자기의 사랑을 확증 하셨느니라"(롬5:8) 예수의 십자가 죽으심은 하나님께서 우리를 향한 사랑의 표현이었다.

"그러면 이제 우리가 그의 피로 말미암아 의롭다 하심을 받았으니 더욱 그로 말미암아 진노하심에서 구원을 받을 것이니"(롬5:9) 보혈로 의롭다함을 받았다. 모든 진노에서 벗어나 구원을 받았다.

"곧 우리가 원수 되었을 때에 그의 아들의 죽으심으로 말미암아 하나님과 화목하게 되었은즉 화목하게 된 자로서는 더욱 그의 살아나심으로 말미암아 구원을 받을 것이니라"(롬5:10) 이처럼 예수의 십자가는 하나님과 화목케 할 뿐 아니라 구원을 받은 것인데 이는 예수의 부활로 말미암아 이루어진 것이다. 예수 부활로 죄사함과 죽음을 해결하고 구원을 완성한 것이다.

"이제는 율법 외에 하나님의 한 의가 나타났으니 율법과 선지자들에게 증거를 받은 것이라"(롬3:21) 율법은 죄인임을 깨닫게 하였지만 이제 한 의가 나타나서 의인되게 했다.

"곧 예수 그리스도를 믿음으로 말미암아 모든 믿는 자에게 미치는 하나님의 의니 차별이 없느니라"(롬3:22) 이는 예수 그리스도가 나타나서 그를 믿는 믿음으로 의인되게 했다.
 "그리스도 예수 안에 있는 속량으로 말미암아 하나님의 은혜로 값없이 의롭다 하심을 얻은 자 되었느니라"(롬3:24) 죄사함의 속량과 하나님 은혜로 의롭게 된 것이다.
 "곧 이 때에 자기의 의로우심을 나타내사 자기도 의로우시며 또한 예수 믿는 자를 의롭다 하려 하심이라"(롬3:26) 십자가의 속량으로 죄의 문제가 해결되어 의롭게 되었다. 이를 믿는 자가 의롭다 하심을 얻게 된 것이다.
 "그러므로 사람이 의롭다 하심을 얻는 것은 율법의 행위에 있지 않고 믿음으로 되는 줄 우리가 인정하노라"(롬3:28) 의인되게 한 것은 오직 예수 그리스도의 부활 때문이다.
 "그런즉 한 범죄로 많은 사람이 정죄에 이른 것 같이 한 의로운 행위로 말미암아 많은 사람이 의롭다 하심을 받아 생명에 이르렀느니라"(롬5:18)
 "한 사람이 순종하지 아니함으로 많은 사람이 죄인 된 것 같이 한 사람이 순종하심으로 많은 사람이 의인이 되리라"(롬5:19) 한 사람일수록 의인되고 생명에 이르렀다.

 "그는 저 대제사장들이 먼저 자기 죄를 위하고 다음에 백성의 죄를 위하여 날마다 제사 드리는 것과 같이 할 필요가 없으니 이는 그가 단번에 자기를 드려 이루셨음이라"(히

7:27) 백성의 죄를 위하여 날마다 제사 드렸지만 이제는 예수로 죄의 문제가 단번에 해결되었다.

"염소와 송아지의 피로 하지 아니하고 오직 자기의 피로 영원한 속죄를 이루사 단번에 성소에 들어가셨느니라"(히9:12) 예수 피로 영원한 속죄를 이루사 영원한 의인이 되었다.

"이 뜻을 따라 예수 그리스도의 몸을 단번에 드리심으로 말미암아 우리가 거룩함을 얻었노라"(히10:10) 예수 십자가와 부활의 몸으로 우리가 죄없는 거룩함을 얻었다.

"제사장마다 매일 서서 섬기며 자주 같은 제사를 드리되 이 제사는 언제나 죄를 없게 하지 못하거니와"(히10:11) 제사장의 제사는 죄를 없애지 못한다.

"오직 그리스도는 죄를 위하여 한 영원한 제사를 드리시고 하나님 우편에 앉으사"(히10:12) 예수께서 죄의 문제를 영원히 해결하셨다.

"그가 거룩하게 된 자들을 한번의 제사로 영원히 온전하게 하셨느니라"(히10:14) 거룩한 자로 영원히 온전하게 했다.

"그리스도 안에 있는 자에게는 결코 정죄함이 없나니 생명의 성령의 법이 죄와 사망의 법에서 해방하였음이라"(롬 8:1~2) 그리스도 안에 정죄함이 없는 이유는 십자가의 구속의 은혜가 있기 때문이다. 그렇기에 정죄함이 없을 뿐 아니라 생명의 법이 다스리게 된다. 생명을 살리는 것이다. 죄는 물론 사망까지 해방하는 놀라운 역사가 그리스도 안에 있는 것이다. 이는 예수 부활로 그 증거가 되고 있다.

9
사망(멸망)에서 생명(영생)으로

> 당신은 그리스도인입니다. 그렇다면 묻습니다.
> 정말 부활을 아십니까? 예수 부활을 믿고 있습니까?
> 그렇게 알고 믿는다면 바뀌어야 합니다. 바뀌지 않으면 아직도 아닙니다.
> 무엇이 바뀌는 것입니까? 사망에서 생명으로 바꾸었습니다.

예수 부활은 사망과 멸망을 영원한 생명으로 완전히 바꾸었다.

이 세상에 영원한 생명은 없다. 모두가 유한한 존재다. 그러나 사람들은 영원성을 찾는다. 그러나 불가능하다. 어떠한 과학이나 철학, 그 무엇으로도 할 수 없다. 오직 예수로만 가능하다. 왜냐하면 예수만이 부활했기 때문이다. 부활하였기에 영원히 계시는 분이다. 처음과 나중, 알파와 오메가가 되시는 것이다. 그렇기에 죄를 사하여 주시는 것과 몸이 다시 사는 것과 영원히 사는 것을 믿사옵나이다의 사도신경을 고백하고 있는 것이다.

모든 사람은 죽음으로 끝난다. 이유는 죄 때문이다. 죄의 문제를 해결하지 못하면 그 누구도 예외가 될 수 없다. 죄를 지으면 죄인이기에 감옥에 가게 되는 것과 같다. 대통령이라도 누구든지 죄를 지으면 그 죄 때문에 감옥에 가게 된다. 성경에서는 죄의 댓가를 죽음으로 말하고 있다.

"죄의 삯은 사망이요 하나님의 은사는 그리스도 예수 우리 주 안에 있는 영생이니라"(롬6:23) 사망은 죄 때문에, 영생은 예수 그리스도로 이루어지는 것이다. 죄의 문제를 유일하게 해결한 것은 오직 예수뿐이다. 예수에게는 죽음이 아니라 부활이 있기 때문이다. 부활은 죽음까지 완벽하게 이긴 사건이다. 그러므로 사망을 생명으로 바꾼 것이 바로 부활이다.

예수 부활로 말미암아 사망의 문제를 한방에 해결했다. 사망에서 생명으로 바꾸었다. 부활은 죽음이 아니다. 부활은 생명이다. 생명이기에 죽을 수 없고 다시 살아난다.

"내가 진실로 진실로 너희에게 이르노니 내 말을 듣고 또 나 보내신 이를 믿는 자는 영생을 얻었고 심판에 이르지 아니하나니 사망에서 생명으로 옮겼느니라"(요5:24) 예수를 믿을 때에 사망과 멸망에서 생명으로 옮기고 바뀌게 된 것이다.

"아버지께서 자기 속에 생명이 있음같이 아들에게도 생명을 주어 그 속에 있게 하셨고"(요5:26) 왜냐하면 하나님 아버지의 생명은 유한한 것이 아닌 무한한 생명이다. 그 아버지의 영원한 생명을 아들이 이어받았다. 이것이 바로 하나님의 아들 예수인 것이다. 그렇기에 아들되신 예수의 생명은 하나님 아버지의 생명이다. 육신의 생명은 우리의 죄 때문에 십자가에서 죽었지만 영원한 하나님 아버지의 생명이기에 다시 살아나셨다. 이것이 부활이다.

"이는 그를 믿는 자마다 영생을 얻게 하려 하심이니라"(요 3:15) 믿을 때에 영생이 보장된다.

"하나님이 세상을 이처럼 사랑하사 독생자를 주셨으니 이는 그를 믿는 자마다 멸망하지 않고 영생을 얻게 하려 하심이라"(요3:16) 아들로 오신 독생자 예수 유일한 예수를 믿음으로 멸망에서 영생을 얻게 된 것이다.

"하나님의 아들 예수 그리스도의 복음의 시작이라"(막1:1) 복음은 예수 그리스도다. 예수 그리스도는 하나님의 아들이다. 이 예수를 믿음으로 우리도 영원한 생명을 얻게 된 것이다.

"이 복음은 하나님이 선지자들을 통하여 그의 아들에 관하여 성경에 미리 약속하신 것이라"(롬1:2) 복음은 하나님 아들에 관한 것이다.

"그의 아들에 관하여 말하면 육신으로는 다윗의 혈통에서 나셨고"(롬1:3) 그 아들은 육신적으로 다윗의 혈통에 나신 것이다.

"성결의 영으로는 죽은 자들 가운데서 부활하사 능력으로 하나님의 아들로 선포되셨으니 곧 우리 주 예수 그리스도시니라"(롬1:4) 그러나 성결의 영으로는 죽음을 이기고 다시 부활하셨다. 그래서 하나님 아들로 선포되었다. 이가 곧 예수 그리스도인 것이다.

"내가 복음을 부끄러워하지 아니하노니 이 복음은 모든 믿는 자에게 구원을 주시는 하나님의 능력이 됨이라"(롬1:16) 그렇기에 복음은 부끄럽지 않고 오히려 자랑스러운 것이다. 부활의 예수 그리스도를 믿는 자는 구원이 되는 능력이다.

"복음에는 하나님의 의가 나타나서 믿음으로 믿음에 이르게 하나니 기록된바 오직 의인은 믿음으로 말미암아 살리라 함과 같으니라"(롬1:17) 생명의 복음이기에 불의와 죄가 아니라 의가 된다. 이 십자가의 믿음에서 부활의 믿음까지 나아가게 된다. 이러한 믿음으로 살아가는 자가 구원받은 부활을 소유한 의의 삶이 된다.

"시몬 베드로가 대답하여 이르되 주는 그리스도시요 살아계신 하나님의 아들이시니이다"(마16:16) 베드로는 예수님의 물음에 주는 살아계신 하나님 아들이라고 대답했다.

"예수께서 대답하여 이르시되 바요나 시몬아 네가 복이 있도다 이를 네게 알게 한 이는 혈육이 아니요 하늘에 계신 내 아버지시니라"(마16:17) 이러한 베드로의 고백에 예수께서 복이 있다고 하셨다. 그 이유가 있는 것이다.

"또 내가 네게 이르노니 너는 베드로라 내가 이 반석위에 내 교회를 세우리니 음부의 권세가 이기지 못하리라"(마16:18) 교회는 부활의 복음위에 세워진 것이다. 그렇기에 죽음도 그 무엇도 음부의 모든 권세가 전혀 이기지 못한다. 예수 부활의 복음은 완전 승리이기 때문이다.

"내가 천국 열쇠를 네게 주리니 네가 땅에서 무엇이든지 매면 하늘에서도 매일 것이요 네가 땅에서 무엇이든지 풀면 하늘에서도 풀리리라 하시고"(마16:19) 이처럼 교회는 천국 열쇠를 가지고 땅에서 매고 푸는 모든 권한이 주어진 것이다. 이 모든 것들은 살아계신 생명의 하나님이 아버지며 아들인 예수를 통하여 이루어진다. 이는 아들로서 아버지의 생명이 있기에 멸망이 아니라 영생인 것이다.

"무릇 하나님께로부터 난 자마다 세상을 이기느니라 세상을 이기는 승리는 이것이니 우리의 믿음이니라"(요일5:4) 하나님께로부터 난 자이기에 그의 생명을 가지고 세상을 승리한다. 이것이 바로 믿음인 것이다.

"예수께서 하나님의 아들이심을 믿는 자가 아니면 세상을 이기는 자가 누구냐"(요일5:5) 예수가 하나님의 아들이기에 부활하신것을 믿음으로 세상을 이길 수 있는 것이다.

"누구든지 예수를 하나님의 아들이라 시인하면 하나님이 그의 안에 거하시고 그도 하나님 안에 거하느니라"(요일4:15) 이제 철저하게 예수가 하나님의 아들인 것을 시인하고 믿는다면 예수 부활을 알고 믿는 것이다.

"이는 죄가 사망 안에서 왕 노릇한 것같이 은혜도 또한 의로 말미암아 왕 노릇하여 우리 주 예수 그리스도로 말미암아 영생에 이르게 하려 함이라"(롬5:21) 죄와 사망이 은혜와 의로 즉 예수 그리스도로 말미암아 영원한 생명이 된 것이다.

10
죽음에서 잠으로

> 당신은 그리스도인입니다. 그렇다면 묻습니다.
> 정말 부활을 아십니까? 예수 부활을 믿고 있습니까?
> 그렇게 알고 믿는다면 바뀌어야 합니다. 아직 바뀌지 않았다면 아닙니다.
> 무엇이 바뀌는 것입니까? 죽음에서 잠으로 바꾸었습니다.

예수 부활은 죽음을 잠자는 것으로 바꾸어 놓았다.

예수가 만약 죄를 이기지 못했다면 여전히 죽음으로 끝날 인생들이다. 그러나 죄는 물론 죽음까지도 완벽하게 해결하셨다. 아무도 이기지 못하며 해결하지 못하는 불가능한 일을 예수가 해 내셨다. 그것이 바로 부활의 사건이다.

"그러나 이제 그리스도께서 죽은 자 가운데서 다시 살아나사 잠자는 자들의 첫 열매가 되셨도다"(고전15:20) 예수는 첫 열매가 되셨다. 죽음이 아닌 잠자는 열매로 부활하신 것이다. 무엇이든 처음 열매를 보면 그 나무에 대하여 정확히 알 수 있다. 그 후에도 계속해서 똑같은 열매를 맺게 된다. 이처럼 예수의 열매는 죽음이 아니라 잠이었다. 죽음을 넘어 잠이 될 수 있었던 것은 바로 부활로 입증된 것이다. 예수 부활은 그리스도인의 죽음을 잠으로 바꿔 놓은 것이다. 부활이 없으면 죽음으로 끝난다. 어젯밤에 잠을 자다가 오늘 깨어서 일어났으면 잠을 잔 것이다. 그러나 깨어나지 못하면 죽은 것이다. 예수께서 부활의 첫 열매로 잠을 자는 것이기에 그리스도인도 죽음이 아니라 잠인 것이다.

"아담 안에서 모든 사람이 죽은 것 같이 그리스도 안에서 모든 사람이 삶을 얻으리라"(고전15:22) 아담의 죄로 모든 사람은 죽음이다. 그러나 이 부활의 예수 안에서 모두가 삶을 얻었기에 죽음이 아니다.

"보라 내가 너희에게 비밀을 말하노니 우리가 다 잠잘 것이 아니요 마지막 나팔에 순식간에 홀연히 다 변화하리니"(고전15:51) 잠을 잔다는 것은 반드시 기상시간이 있어야 한다. 그러면 기상하는 시간이 언제인가? 주님의 나팔소리에 다시 변화된 모습으로 깨어나게 된다.

"이 말씀을 하신 후에 또 이르시되 우리 친구 나사로가 잠들었도다 그러나 내가 깨우러 가노라"(요11:11) 이처럼 예수님은 죽은 나사로를 향하여 깨우러 간다고 했다. 잠이기 때문이다.

"모든 사람이 아이를 위하여 울며 통곡하매 예수께서 이르시되 울지 말라 죽은 것이 아니라 잔다 하시니"(눅8:52) 사람들은 울며 통곡을 한다. 이유는 사랑하는 딸이 죽었기 때문이다. 그러나 예수님은 아니라고 하셨다. 죽음이 아니라 잔다고 말씀하신 것이다.

"그들이 그 죽은 것을 아는 고로 비웃더라"(눅8:53) 이러한 예수님의 말에 사람들은 비웃었다. 죽은 것으로 알고 있기 때문이다. 지금도 똑같이 사람들은 비웃을 수 있다. 죽음으로 마지막을 처리하는 장례식에서 잠자는 천국환송예식으로 바꿔야 한다는 필자의 주장에 혹 비웃을 수 있다. 그러나 부활의 예수 안에서 죽음이 없고 다만 잠 잘 뿐이다. 행함의 복음으로 잠자는 것으로 표현되어야 한다. 이것이 천국환송예식이며 구원받은 그리스도인이다.

"우리가 예수께서 죽으셨다가 다시 살아나심을 믿을진대 이와같이 예수 안에서 자는 자들도 하나님이 그와 함께 데리고 오시리라"(살전4:14) 우리의 믿음은 십자가를 넘어 다시 살아나신 부활이다. 그렇기에 그 부활의 예수 안에서 잠을 자다가 주님이 오시면 다시 기상한다.

"무덤들이 열리며 자던 성도의 몸이 많이 일어나되"(마 27:52) 성도들은 부활의 예수를 믿는 자들이다. 그렇기에 예수 부활이 나의 부활되어 무덤이 열리기에 죽음이 아니다.

찬송가 180장 2절이다. '무덤 속에 잠자는 자 그때 다시 일어나 영화로운 부활승리 얻으리 주가 택한 모든 성도 구름타고 올라가 공중에서 주의 얼굴 뵈오리 나팔 불 때 나의 이름 나팔 불 때 나의 이름 나팔 불 때 나의 이름 부를 때에 잔치 참여하겠네' 그렇다. 잠을 자고 있는 곳이 안방이 아니고 호텔이 아닐 뿐이다. 그러나 반드시 나의 이름 부르는 때가 온다. 그리스도인은 예수가 이미 무덤에서 살아나신 것처럼 똑같이 다시 부활하는 것이다.

찬송가 160장의 3절이다. '거기 못 가두네 예수 내 구주 우리를 살리네 예수 내 주 원수를 다 이기고 무덤에서 살아 나셨네 어두움을 이기시고 나와서 성도함께 길이 다스리시네 사셨네 사셨네 예수 다시 사셨네' 이처럼 성도는 무덤에 가두어 죽음으로 끝나는 것이 아니다. 그 무덤에서 다시 살아나기에 그 무덤에 가두어 둘 수 없다. 어둠의 모든 것들을 다 이기고 다시 부활한다. 그렇기에 잠을 자는 것이다. 생명책에 기록된 나의 이름을 부를 때에 기상하여 잔치에 참여한다. 이 찬양은 구원받은 성도들이 부르는 믿음이며 귀한 고백이 된다.

만약 아직 죄인의 이름이라면 여기에 해당되지 않는다. 그러나 죄의 문제를 해결하고 의인이 되었다. 죄수의 이름이 아니라 의인된 이름으로 생명책에 기록되어있다. 그렇기에 내 이름을 부르게 된다. 만약 이름이 죄인의 전과자 이름에 있다면 내 이름을 부르는 곳이 형무소일 것이다. 그러나 이미 예수로 나의 이름이 생명책에 있기에 가능한 것이다.

"한 부자가 있어 자색 옷과 고운 베옷을 입고 날마다 호화롭게 즐기더라"(눅16:19) 당연히 부자이니까 날마다 호화롭게 살면서 즐길 수 있었다.

"그런데 나사로라 이름하는 한 거지가 헌데 투성이로 그의 대문 앞에 버려진 채"(눅16:20) 나사로는 거지이기에 부자 집 대문 앞에 버려진 채로 살아가고 있었다. 여기에서 부자와 거지의 차이가 무엇인가? 어떻게 되었는가? 잘 알려지고 돈 많은 부자는 이름이 없다. 부자의 이름이 없고 아무도 모른다. 그러나 거지는 나사로라는 이름이 있었다. 어떻게 되었는가?

"이에 그 거지가 죽어 천사들에게 받들려 아브라함의 품에 들어가고 부자도 죽어 장사되매"(눅16:22) 다 죽었다. 그러나 거지는 아브라함 품에 있다. 그러나 부자는 아니었다.

"그가 음부에서 고통 중에 눈을 들어 멀리 아브라함과 그의 품에 있는 나사로를 보고"(눅16:23) 부자는 음부에서 고통 가운데 아브라함 품에 있는 나사로를 보았다.

"불러 이르되 아버지 아브라함이여 나를 긍휼히 여기사 나사로를 보내어 그 손가락 끝에 물을 찍어 내 혀를 서늘하게 하소서 내가 이 불꽃 가운데서 괴로워하나이다"(눅16:24) 부자는 물 한방을 없어 괴로워하고 있다. 그 차이가 무엇인가? 아무리 잘 먹고 잘 살았어도 주님이 이름을 모르면 아무 소용이 없다. 사실 부자의 이름이 없을 리 없다. 그러나 우리는 그 이름을 모른다.

그렇지만 거지는 정확한 이름이 있다. 나사로였다. 주님이 기억하는 이름이다. 그만큼 이름은 정말 중요하다. 나의 이름이 교회에 있고 주님께 불리어지는 것은 은혜이고 축복이다. 구원받은 성도들은 주님께서 기억하는 이름이다. 그래서 주님 오시어 나팔 불 때 나의 이름을 부르고 잔치에 참여하게 된다.

'내 이름 아시죠'의 찬양이 더욱 은혜가 된다. '나를 지으신 주님 내 안에 계셔 처음부터 내 삶은 그의 손에 있었죠, 내 이름 아시죠 내 모든 생각도 내 흐르는 눈물 그가 닦아 주셨죠, 그는 내 아버지 난 그의 소유 내가 어딜 가든지 날 떠나지 않죠, 내 이름 아시죠, 내 모든 생각도 아바라 부를 때 그가 들으시죠.'

11
장례식에서 천국환송예식으로

> 당신은 그리스도인입니다. 그렇다면 묻고 싶습니다.
> 정말 부활을 알고 있습니까? 예수 부활을 정확히 믿고 있습니까?
> 그렇게 알고 믿는다면 바뀌어야 합니다. 아직도 바뀌지 않았으면 아닙니다.
> 무엇이 바뀌는 것입니까? 장례식이 아니고 천국환송예식으로 바꿔야 합니다.

예수 부활은 죽음으로 끝나는 장례식을 천국으로 가는 천국환송예식으로 바꿔 놓은 사건이다.

사실 장례(葬禮)라는 말은 죽음을 의미한다. 장사(葬事)를 지낸다는 말은 죽은 사람을 땅에 묻거나 화장하는 일을 의미한다. 그렇다면 성도들이 정말 죽은 것인가? 잠을 자다가 다시 일어나고 살아나는 부활이 있는데 맞는 말인가? 과연 성경적인가?

모든 사람들은 예외없이 인생의 마지막에 가서 장례를 치른다. 그러나 한평생 믿음으로 살아온 그리스도인임에도 불구하고 장례로 삶을 마감하고 또 끝내고 있다. 이것이 옳은가? 최근에는 다행히 바뀌고 있다. 그리스도인들은 장례라고 하지 않고 기독교라는 말을 붙여서 '기독교 장례'라고 한다. 구원받은 성도이기에 기독교 장례식으로 장례를 치르고 있다. 다행이다. 그러나 아니다. 이는 앞뒤가 틀린 모순이다. 기독교의 핵심은 생명이고 살리는 것이다. 죽음이 아닌 부활이다. 그리스도인의 최종은 부활이며 구원이다. 그렇기에 기독교의 생명과 죽음의 장례가 함께 혼용되어 사용할 수 없다.

무엇을 장사 지내고 장례하는 것인가? 몸을 장사 지내는 게 아니다. 우리 몸은 다시 살아난다. 모든 그리스도인에게 믿음의 근본이 되는 사도신경에 '우리 몸이 다시 사는 것과 영원히 사는 것을 믿사옵나이다'라고 고백을 하고 있다. 몸이 다시 살아나기에 몸을 장사 지내는 기독교장례라는 말은 합당치 않다. 그러면 무엇을 장사 지내는 것인가? 정확하고 구체적으로 무엇인가? 기독교에서의 장례는 바로 이것이다. "그럴 수 없느니라 죄에 대하여 죽은 우리가 어찌 그 가운데 더 살리요"(롬6:2) 몸이 죽은 것이 아니라 죄가 죽었다는 것이다. 죄를 장사 지냈기에 더 이상 죄인이 아니다. 성도는 죄의 결과 죽음이 아니다. 죄가 죽었고 그래서 이제는 죄 가운데 살수 없다.
"무릇 그리스도 예수와 합하여 세례를 받은 우리는 그의 죽으심과 합하여 세례를 받은 줄을 알지 못하느냐"(롬6:3)

성도는 세례를 받은 자이다. 예수의 죽으심과 함께 세례를 통하여 우리의 죄가 죽었다는 것이다. 세례는 죄사함이다. "그러므로 우리가 그의 죽으심과 합하여 세례를 받음으로 그와 함께 장사되었나니 이는 아버지의 영광으로 말미암아 그리스도를 죽은 자 가운데서 살리심과 같이 우리로 또한 새 생명 가운데, 행하게 하려 함이라"(롬6:4) 그리스도의 이름으로 세례를 받았고, 예수의 죽으심으로 나의 죄도 함께 장사되었다. 죄를 장사지내는 것이 세례이다. 세례식은 물 속에 나의 죄를 없애는 장례식이다. 그렇기에 세례받은 성도는 죄를 장사하는 것이지 몸을 장사지내는 것이 아니다. 이미 세례식을 통하여 장례식을 치뤘다. 장례식은 또 다시 하는 것이 아니다.

이미 죄사함의 장례식을 치뤘기에 우리의 몸은 죽음과 상관이 없다. 고백 그대로 몸은 다시 살아난다. 그리고 영원히 산다. 이것이 구원이고 천국이다. 영원한 생명으로 영생하는 것이다. 그렇기에 몸을 장사지내는 장례식은 기독교에서는 틀린 말이다. 천국환송예식이 되어야 한다.

이미 언급했듯이 성도는 몸의 죽음이 아니기에 죽음의 장사를 치루는 장례식은 더 이상 안된다. 그리스도인에게는 해당이 없다. 예수 부활을 믿는 성도라면 장례가 아니다. 그리스도인은 죄인에서 의인으로 바뀐 자이고, 사망에서 생명으로 바뀐 자이다. 그렇기에 장례라는 말이 들어가면 안된다. 그렇다면 구체적으로 무엇이 어떻게 되어야 하는가?
　예수 부활은 영원한 생명으로 최종은 천국이다. 그렇기에 모든 용어와 용품 그리고 절차를 부활에 근거한 천국환송예식으로 해야 한다. 지금까지는 똑같이 장례식이라는 말과 또는 기독교장례라는 방식으로 해 왔지만 성경적으로 완전히 바꿔야 한다. 그리스도인의 정체성을 찾아야 한다. 근래에 와서 장례가 많이 바뀌어서 천국환송예식을 말하고 또 천국환송예배를 드리고 있기에 천만다행이다.

　그러나 이것 역시 아니다. 감히 말하지만 전혀 성경적이지 못하다. 속고 있는 것이다. 말은 그렇지만 실제는 천국으로 가는 모습이 아니기 때문이다. 여전히 죽음의 장례 용어와 용품을 그대로 사용하고 있기 때문이다. 모든 절차들은 기존의 죽음과 장례의 형식과 틀을 벗어나지 못하고 있는 현실이다.
　"만일 우리가 그의 죽으심과 같은 모양으로 연합한 자가 되었으면 또한 그의 부활과 같은 모양으로 연합한 자도 되리라"(롬6:5) 예수 죽으심과 합하여 죄가 죽었다. 그렇다면 이제는 예수 부활의 모습으로 완전히 연합한 자가 되어서 바뀌어야 한다.
　"우리가 알거니와 우리의 옛 사람이 예수와 함께 십자가에 못 박힌 것은 죄의 몸이 죽어 다시는 우리가 죄에게 종 노릇하지 아니하려 함이니"(롬6:6) 더 이상 죄수의 모습으로 꽁꽁 묶이거나 죄인이 입는 수의 등을 입으면 안된다. 절대로 죄에게 종노릇하면 안된다. 그러나 현실은 전통이라는 미명 아래 장례의 용어와 용품 그리고 절차를 그대로 따르면서 말은 천국환송이라고 한다. 죄인으로 취급하면서도 천국환송이라고 하는 것은 속고 있기 때문이다. 이것은 아니다.

"만일 우리가 그리스도와 함께 죽었으면 또한 그와 함께 살줄을 믿노니"(롬6:8) 예수 십자가로 죄가 죽었다면 이제는 예수 부활의 모습이 실제로 표현되고 증거되어야 한다. 죽음의 모습은 그 이름이라도 부르지 말고 어떤 모양이라도 따라하면 안된다.

"이는 그리스도께서 죽은 자 가운데서 살아나셨으매 다시 죽지 아니하시고 사망이 다시 그를 주장하지 못할 줄을 앎이로다"(롬6:9) 완벽하게 죽음을 이기셨기에 다시 죄가 주장하면 안된다. 그렇기에 죽음의 장례 용어와 용품이 아니라, 성경적인 부활의 용어와 용품으로 진행하여 또다시 죄와 사망이 주장하지 못하게 해야 한다.

"그가 죽으심은 죄에 대하여 단번에 죽으심이요 그가 살아계심은 하나님께 대하여 살아 계심이니"(롬6:10) 십자가를 통하여 죄를 장사 지냈기에 죽음의 장송곡을 불러도 안된다. 이제는 살아나신 부활의 찬양으로 바꿔야 한다. 승리의 부활찬양으로 주님께 영광 돌려야 한다.

"이와같이 너희도 너희 자신을 죄에 대하여는 죽은 자요

"그리스도 예수 안에서 하나님께 대하여는 살아 있는 자로 여길지어다"(롬6:11) 이미 죄는 죽었다. 예수 안에서 살아있는 자로 여기고 모든 예식을 진행해야 할 것이다.

"죄가 너희를 주장하지 못하리니 이는 너희가 법 아래에 있지 아니하고 은혜 아래에 있으니"(롬6:14) 조금도 죄의 어두움과 슬픔의 애곡은 없어야 한다. 천국이 그렇게 흉측하지 않기 때문이다. 부활과 천국 소망으로 은혜로운 예식이 되어야 한다.

"형제들아 자는 자들에 관하여는 너희가 알지 못함을 우리가 원하지 아니하노니 이는 소망이 없는 다른 이와 같이 슬퍼하지 않게 하려 함이라"(살전4:13) 죽음에는 소망이 없다. 장례식에도 소망이 없다. 그러나 잠을 자는 것은 내일의 소망이 있다. 성도는 잠을 자다가 다시 부활하는 천국이 있기에 소망이 있다. 그렇기에 천국환송예식은 슬픔이 아니라 감사와 감격의 예식이 된다.

12
고인에서 하늘시민과 천국시민으로

> 당신은 그리스도인입니다. 그렇다면 묻겠습니다.
> 정말 부활을 알고 계십니까? 예수 부활을 믿고 있습니까?
> 그렇게 알고 믿는다면 바뀌었습니까? 아직도 바뀌지 않았다면 아직 아닙니다.
> 무엇이 어떻게 바뀌는 것입니까? 하늘시민, 천국시민이 되는 것입니다.

예수 부활은 고인을 하늘시민으로 바꿔 놓았다.

모든 사람에게 가장 중요한 것은 그 사람의 신분이다. 사람은 자기의 신분에 따라 대우가 달라지기 때문이다. 평범한 사람이었는데 어느 날 국회의원이 되고 장관이 되며 대통령이 되면 그 신분이 다르기에 대우가 파격적으로 달라진다. 그에 대한 예우가 대단하다. 올림픽에서 금메달을 따면 그의 위상은 완전히 바뀐다. 그렇다면 그리스도인의 신분은 무엇인가?

그리스도인의 신분은 성도로 삶을 살아왔다. 구원받은 자로서 그의 신분이 끝까지 지켜져야 한다. 그럼에도 한평생 믿음으로 귀하게 살아 왔는데 마지막에 가서 모두가 고인으로 신분이 바뀌고 있다. 이름 앞에 벼슬처럼 달아 놓는 것이 고(故)라는 말이다. 부활을 알고 믿는 성도인데 그건 절대로 아니다.

왜냐하면 고인(故人)이라는 말은 옛사람으로 이제는 '없다, 사라졌다, 더 이상 존재하지 않는다, 죽었다'라는 뜻이다. 그럼에도 버젓이 장례식장에 가서 보면 모두가 그렇게 표시하고 있다. 완전히 신분이 180도 바뀌어서 죽은 자로 표시하고 있다. 부고(訃告)를 알릴 때도 그렇고, 예배를 드리고 기도할 때도 꼭 이름 앞에 '고'자를 항상 붙인다. 00주기 추모예배를 드릴 때도 그렇다. 모든 교단의 장례예식서 책에도 그렇게 써있다. 더 이상 장례라는 말조차도 쓰면 안된다. 이미 필자가 장례 예식서가 아닌 '천국환송 예식서'를 발간하여 교파를 초월한 성경적 천국환송예식 매뉴얼로 사용하고 있다. 그러나 지금까지 장례와 고인으로 배웠고 그렇게 가르쳐 왔기에 습관에 따라 5000년 역사의 전통으로 알고 지키는 현실이 안타깝다.

그리스도인은 죽음이 아니라 천국이기에 그런 표현은 잘못된 것이다. 절대로 그렇게 하면 안된다. 부산에 살고 있으면 그 이름이 부산에 있는 부산시민이다. 부산에 이름이 없다고 죽은 자가 아니다. 서울로 이사 왔기에 그 이름이 없어진 게 아니라 서울특별시의 주소지로 옮겨져서 서울시민으로 살고 있다. 또 미국으로 가면 미국시민권을 따서 그 이름이 미국시민으로 살게 된다. 이처럼 이름이 어디 있느냐에 따라서 그 소속이 달라진다.

"그러나 우리의 시민권은 하늘에 있는지라 거기로부터 구원하는 자 곧 주 예수 그리스도를 기다리노니"(빌3:20) 성도는 모두가 하늘시민이다. 이 땅에서 살다가 여기에 없다고 고인이 아니다. 언젠가는 모든 그리스도인들은 하늘시민과 천국시민이 된다. 하늘시민으로 영원히 사는 것이 구원받은 성도이다.

주님의 은혜로 죄사함 받고 의인으로 열심히 살아왔는데 마지막에 가서 고인이 되는 것은 억울하다. 있을 수 없는 일이다. 그럼에도 버젓이 그렇게 쓰고 있으니 속상하다. 아무도 모르고 그냥 그렇게 해왔다. 에덴동산에서 말씀을 속인 사단은 지금도 말씀을 속이고 있다. 모든 신학자, 목회자, 믿음의 사람들이 감쪽같이 속은 것이다.

"뱀이 그 간계로 하와를 미혹한 것 같이 너희 마음이 그리스도를 향하는 진실함과 깨끗함에서 떠나 부패할까 두려워하노라"(고후11:3) 더 이상 속으면 안된다. 온갖 속임과 미혹으로 지금까지 그냥 생각없이 끌려왔지만 더 이상 안된다.

"이는 우리로 사탄에게 속지 않게 하려 함이라 우리는 그 계책을 알지 못하는 바가 아니로라"(고후2:11) 이제 알았으면 빨리 바꿔야 한다. 예수 부활의 믿음으로 고인에서 하늘시민, 천국시민으로 바꿔야 한다.

"너희는 너희 아비 마귀에게서 났으니 너희 아비의 욕심대로 너희도 행하고자 하느니라 그는 처음부터 살인한 자요 진리가 그 곳에 없으므로 진리에 서지 못하고 거짓을 말할 때마다 제 것으로 말하나니 이는 그가 거짓말쟁이요 거짓의 아비가 되었음이라"(요8:44) 진리가 없으면 속고 만다. 자기 생각과 뜻을 말하게 된다. 오랜 역사동안 내려온 전통을 고집하며 무조건 주장해도 안된다. 진리가 아니기 때문이다. 모든 장례의 전통과 관습은 샤머니즘적이고 유교적이며 불교와 도교적이다. 기독교가 여기에 혼합되어 기독교장례라고 말하고 있다. 또 천국환송이라고 하지만 그 역시 마찬가지로 말만 그렇게 할 뿐, 완전히 비성경적이다.

이제는 정확하게 진리를 말해야 한다. 기독교의 정체성을 가져야 한다. 진리는 예수 그리스도이다. 그 예수는 십자가와 부활이다. 그래서 마지막을 부활로 마무리를 해야 한다. 이처럼 예수의 부활이 있기에 죽음이 절대로 아니다. 그렇기에 고인이 아니라 진리의 말씀대로 하늘시민이며 천국시민이다. 끝까지 그리스도인의 정체성을 잃거나 빼앗기면 안된다. "값으로 산 것이 되었으니 그런즉 너희 몸으로 하나님께 영광을 돌리라"(고전6:20) 그리스도인은 그리스도가 핏 값으로 사신 존재이다. 우리는 그 가치를 알아야 한다. 그렇기에 마지막에 가서 영광을 가리는 우(愚)를 범하면 안된다. 고인이 아닌 영원히 하늘나라에서 사는 하늘시민으로 신분이 꼭 지켜져야 한다.
"너희는 값으로 사신 것이니 사람들의 종이 되지 말라"(고전7:23) 사람들의 전통과 습관에 따라 하나님의 종이 세상과 사람들의 종으로 전락하면 안된다.

"그런즉 너희가 먹든지 마시든지 무엇을 하든지 다 하나님의 영광을 위하여 하라"(고전10:31) 마지막에 가서는 더욱 하나님께 영광 돌리는 이름과 거룩한 몸이 되어야 한다.

"야곱아 너를 창조하신 여호와께서 지금 말씀하시느니라 이스라엘아 너를 지으신 이가 말씀하시느니라. 너는 두려워하지 말라 내가 너를 구속하였고 내가 너를 지명하여 불렀나니 너는 내 것이라"(사43:1) 우리는 하나님께 속한 자이다. 창조주 하나님께서 우리를 지명하여 불러낸 구원받은 존재이다. 분명한 정체성을 알고 그 신분을 지켜야 한다.

"내 이름으로 불려지는 모든 자 곧 내가 내 영광을 위하여 창조한 자를 오게 하라 그를 내가 지었고 그를 내가 만들었느니라"(사43:7) 우리는 하나님의 영광을 위하여 창조되고 만들어진 존재이다. 끝까지 성도의 신분을 지켜서 고인으로 바뀌면 안된다.

인생은 42.195km의 마라톤 경주와 같다. 온갖 험한 삶을 다 헤쳐내고 믿음으로 승리한 자에게 마지막 주어지는 이름이 고작 고인이 되어서야 되겠는가? 훌륭한 신학자, 교수, 총장, 박사, 부흥사, 목사, 선교사를 비롯하여 예외없이 모든 그리스도인들이 고(故)로 끝나는 현실을 더 이상 침묵할 수 없다. '정말 부활을 알고 있는가'라고 묻고 싶다. 부활의 완벽한 복음을 믿는다면 이제는 더 이상 고인이 되면 안된다. 성경적으로 확실하게 바꿔야 한다. 그게 뭐 그리 어려운 일인가? 정확한 성경의 말씀이기에 오랜 전통과 관습, 문화라 할지라도 과감하게 바꾸면 된다. 복음은 능력이고 변화이기 때문이다. 그렇기에 부활의 능력으로 얼마든지 쉽게 바꿀 수 있다. 고정관념에서 빨리 벗어나야 한다.

언젠가 주님의 부르심에 우리 모두는 가야할 곳이 있다. 하늘나라이다. 그곳에서 영원히 하늘시민으로 우리 함께 살아가게 된다. 그곳에는 더 이상 죄와 죽음이 없다. 아픔도 없고 슬픔도 없다. 일을 해야 하고 세금을 낼 필요도 없다. 하나님이 친히 아버지 되시어서 전혀 부족함이 없다. 주님과 함께 찬양을 하며 하나님께 경배하는 것이다. 지금은 서울에 살고 있기에 서울시민이며 부산에 있기에 부산시민이다. 이제 우리는 영원한 하나님의 나라에서 하늘시민으로 모든 그리스도인들을 만나게 될 것이다.

13
샤머니즘적 용어와 용품에서 성경적 새 패러다임으로

> 당신은 진정한 그리스도인입니까? 그렇다면 묻겠습니다. 정말 부활을 알고 계십니까? 예수 부활을 믿고 있습니까? 그렇게 알고 믿는다면 바뀌었습니까? 바뀌지 않았으면 아직도 아닙니다.
> 무엇이 바뀌는 것입니까? 모든 장례 용어와 용품들을 성경적으로 표현해야 합니다.

예수 부활로 말미암아 장례식이 아니라 천국환송예식으로 바뀌어야 한다고 했다. 또 고인이 아니라 하늘시민, 천국시민이라고 했다. 그렇다면 모든 절차 과정도 분명히 바뀌어야 한다. 기독교는 말의 종교이다. 말하는 것이 중요하다.

"네가 만일 네 입으로 예수를 주로 시인하며 또 하나님께서 그를 죽은 자 가운데서 살리신 것을 네 마음에 믿으면 구원을 받으리라"(롬10:9) 구원은 하나님께서 살리신 부활을 믿으면 가능한 것이다.

"사람이 마음으로 믿어 의에 이르고 입으로 시인하여 구원에 이르느니라"(롬10:10) 입으로 시인하고 고백함으로 구원에 이른 것이다.

"누구든지 주의 이름을 부르는 자는 구원을 받으리라"(롬 10:13) 이처럼 내 입으로 주의 이름을 부르는 것이 중요하다.

"그가 베드로와 요한이 성전에 들어가려함을 보고 구걸하거늘"(행3:3) 나면서 부터 걷지 못하던 사람은 날마다 성전 미문에서 구걸하는 입술이었다.

"뛰어 서서 걸으며 그들과 함께 성전으로 들어가면서 걷기도 하고 뛰기도 하며 하나님을 찬송하니"(행3:8) 이제는 예수 그리스도의 이름으로 찬송하는 입술로 바뀌었다.

성도가 되면 말이 바뀐다. 믿음 없는 말에서 믿음의 말로, 감사와 은혜, 찬송과 축복의 말로 입술이 바뀐다. 그런데 아직도 바뀌지 않고 그대로 말하는 것이 바로 장례식에 관련된 말들이다. 이를 이제는 성경적인 용어와 말로 바꿔야 한다. 용품도 바꾸고 절차와 과정들도 예수 부활의 의미로 다 바뀌어야 한다.

구체적으로 그리스도인들이 잘못 말하고 있는 것들이 있다. 구원받은 의인을 죄인으로 여겨서 고인(故人)이라고 말한다. 결국에 가서는 모두를 고 000목사, 장로, 권사, 집사, 성도라고 쓰고 그렇게 말하고 있다. 이는 아니다.

또 수의라고 말하고 있다. 수의는 죄수가 입는 옷이다. 감옥에 갈 때 죄수가 입는 옷이 수의이고 손과 몸이 묶인다. 성도는 죄수가 아니기에 수의가 아니라 세마포옷, 천국예복이 되어야 한다. 그럼에도 여전히 수의라고 말하고 있다.

구원받아 천국가는 하나님의 사람에게 염을 하면서 소렴, 대렴이라는 말을 하면 안된다. 신부단장예식이 되어야 한다. 그리스도의 신부된 모습으로 단장하는 시간인데 온 몸을 꽁꽁 묶기도 한다. 죄인이 묶이고 사형수가 얼굴까지 씌우는 것이다. 그러나 그리스도인은 그런 흉악범이 아니다. 그리스도안에서 잠을 자는 모습으로 모든 절차가 진행되어야 한다. 부활의 믿음이 없는 말이나 표현은 있을 수 없다.

또 주의 종 목사께서 입관예배를 인도한다. 이것도 예수 부활로 말미암아 입관이 아니다.

"내가 노하여 맹세한 바와 같이 그들은 내 안식에 들어오지 못하리라"(히3:11) 마음이 완고하고 마음이 미혹된 자들은 안식에 들어오지 못한다.

"또 하나님이 누구에게 맹세하사 그의 안식에 들어오지 못하리라 하셨느냐 곧 순종하지 아니하던 자들에게가 아니냐"(히3:18) 완고하고 순종하지 아니한 자들은 안식하지 못한다.

"이로 보건대 그들이 믿지 아니하므로 능히 들어가지 못한 것이라"(히3:19) 완고와 불순종 이러한 것이 바로 믿음이 없는 것이다. 믿음이 없으므로 안식에 들어가지 못한 것이다.

"그러므로 우리는 두려워할지니 그의 안식에 들어갈 약속이 남아 있을지라도 너희 중에는 혹 이르지 못할 자가 있을까 함이라"(히4:1) 혹 안식에 들어가지 못할자가 있을까 두렵다는 것이다.

"이미 믿는 우리들은 저 안식에 들어가는도다 그가 말씀하신 바와 같으니 내가 노하여 맹세한 바와 같이 그들이 내 안식에 들어오지 못하리라 하셨다 하였으나 세상을 창조할 때부터 그 일이 이루어졌느니라"(히4:3) 복음의 믿음으로 안식에 들어가게 된다.

"그러므로 우리가 저 안식에 들어가기를 힘쓸지니 이는 누구든지 저 순종하지 아니하는 본에 빠지지 않게 하려 함이라"(히4:11) 이처럼 성도는 마음이 완고하거나 미혹되어 불순종하지 아니한 자들이다. 금보다 귀한 순종의 믿음으로 영원한 안식에 들어가는 자들이 그리스도인이다. 이에 입관예배가 아니라 안식예배라고 말해야 한다.

또 장례식장을 떠날 때에 발인예배라고 말하고 있다. 이것도 저 천국으로 환송하는 시간이기에 환송예배라고 말해야 한다.

그리고 하관예배가 있다. 사실은 그곳이 바로 부활하는 장소가 된다.

"죽은 자의 부활도 그와 같으니 썩을 것으로 심고 썩지 아니할 것으로 다시 살아나며"(고전15:42) 죽은 자가 부활하고 썩지 아니할 것으로 다시 살아난다.

"나팔소리가 나매 죽은 자들이 썩지 아니할 것으로 다시 살아나고 우리도 변화되리라"(고전15:52) 예수님 다시 오시는 나팔소리와 함께 다시 변화된 모습으로 살아나는 것이다.

그렇기에 하관예배가 아니라 예수로 말미암아 부활하는 장소가 되는 것이다. 땅에 묻는다고 해서 하관예배가 아니다. 이곳은 부활을 찬양하며 기쁨과 감격의 부활예배로 드려야 한다. 주님 다시 오셔서 나팔 불 때 나의 이름 불리어지고 새로운 몸으로 부활하는 곳이기 때문이다.

찬송가 180장 2절이다. "무덤속에 잠자는 자 그때 다시 일어나 영화로운 부활 승리 얻으리 주가 택한 모든 성도 구름 타고 올라가 공중에서 주의 얼굴 뵈오리 나팔불 때 나의 이름 나팔불 때 나의 이름 나팔불 때 나의 이름 부를 때에 잔치 참여하겠네" 부활의 찬송을 힘차게 부르며 부활예배라고 말해야 한다.

입는 옷도 그렇다. 수의는 죄인이 감옥에 갈 때에 입는 옷이다. 지금 그리스도인이 죄를 지어 감옥에 가거나 죄인되어 지옥에 가는 것이 아니다. 천국가기에 그에 적합한 용어의 세마포와 천국예복이라고 말해야 한다.

발에 신을 신기면서 꽃신 또는 습신이라고 말해도 안된다. 손에 악수를 껴서도 안된다. 상장, 조의금, 부고, 조문, 칠성판, 삼우제 등의 잘못된 용어와 말들이 한두 가지가 아니다. 특히 '삼가 고인의 명복을 빕니다'라는 말은 기독교인들에게는 결코 있을 수 없는 말이다. 이것으로 끝나지 않고 그 절차와 과정에서도 바뀔 것 들이 많다.

　부의금, 조의금이 아니라 신의금으로 바꿨다. 완장과 머리에 꽂는 상장은 샤머니즘적인 요소이다. 이것까지도 가족의 명찰로 다 바꿔서 실제로 사용하고 있다.

　장례의 모든 용어와 용품들은 성경적으로 바뀌어야 한다. 여기서 그치지 않고 그 절차와 모든 진행과정들이 실제로 부활에 근거하여 표현되어야 한다. 이를 간단하게 소개하면 다름과 같다.

　먼저 하늘시민(천국시민)을 모셔놓고, 죄사함의 고백과 찬송으로 시작된다. '보혈을 지나 하나님 품으로 보혈을 지나 아버지 품으로~' 찬양하면서 예수 보혈의 능력과 십자가의 사랑과 은혜,능력을 선포한다. 십자가의 구속의 은혜를 전하며 '주의 보혈 능력있도다 주의 피 믿으오~' 찬양하며 예수 피로 구원받은 사실을 인정하고 고백한다.

　죄사함 받은 자이기에 죄수의 옷이 아닌 세마포와 천국예복을 입으면서 '내 영혼이 은총입어 중한 죄 짐 벗고보니~' 찬송하며 의의 옷, 구원의 옷, 천국예복을 설명하며 그 어디나 하늘나라를 느끼게 한다. 사랑하는 가족이 축복의 양말을 신기면서 '당신의 그 섬김이 천국에서 해같이 빛나리~' 찬양을 하면서 믿음의 발걸음과 복음의 발자취를 축복한다. 그리고 가슴에는 예수 부활의 충성과 사명의 스톨을 가족이 걸어드리며 자랑스런 면류관과 주 예수께 받은 사명을 다 감당하신 은혜를 나누면서 '비바람이 앞길을 막아도 나는 가리 주의 길을 가리~' 찬양한다.

가족이 함께 마음과 손을 모아 직접 안아서 안식관으로 모시고, 사랑하는 가족들이 편지를 쓰고 말하고 고백하며 마지막 못다한 사랑을 나눈다. 한 분 한 분 꽃을 드리며 마음으로 인사를 나누고 다짐한 후에 부활보를 덮는다. 이때 '예수 부활, 나의 부활' '예수 생명, 나의 생명'을 다함께 따라하며 필요하면 영접기도까지 한다.

안식관에 주님이 기억하시는 이름을 큰 아들이 쓰게 하고 가족들이 한 분 한 분 하고싶은 말들을 간단하게 남긴다. '사랑해요, 다시 만나요, 나의 엄마라서 고마웠어요, 존경해요' 등의 많은 글귀들이 있다. 어떤 경우는 '어머님 용서하세요' 고백하며 회개하고 다짐하는 내용들도 있게 된다.

이처럼 단장예식을 통하여 본인과의 관계, 가족과의 관계, 주님과의 관계 등으로 피차 서로간의 서운함과 얽혔던 관계를 회복한다. 또 구원의 확신을 갖게 하고 실제로 잠을 자는 모습으로 마음에 남아 부활의 천국을 소망하게 된다. 이때, 생명의 복음을 전하고 온 가족을 구원케하는 전도의 기회가 되기도 한다. 그리고 알게 모르게 남아있는 아픔과 상처들을 치유하는 귀한 시간이 된다.

'참 아름다워라 주님의 세계는~' 정말 아름다운 주님의 세계로 가는 찬송과 '주님의 높고 위대하심을 내 영혼이 찬양하리~'의 찬양을 부른다. 그리고 마지막을 부활의 힘찬 찬송을 부르며 하나님께 영광을 돌리게 된다. 죽음의 현장이 아니기에 장례의 찬송이 아니다. 그리스도인의 최종은 부활이기에 부활의 메시지와 부활의 찬송을 한다.

경기에서 마지막 결승이 가장 중요한 것처럼 인생의 가장 중요한 시간이다. 42.195km의 마라톤 선수의 우승은 마지막 골인 지점에서 결정된다. 이와같이 믿음으로 승리한 인생의 마지막을 샤머니즘과 유교 불교 도교적인 비신앙의 모습으로가 아니라 성경에서 찾은 기독교의 새 패러다임으로 완전히 바꿨다. 이는 예수가 부활하셨기 때문에 가능하다.

이 변화와 개혁의 새로운 성경적인 사역을 투헤븐선교회에서 감당하고 있다. 투헤븐에서 행사하는 천국환송예식에서는 철저하게 부활의 성경적 용어를 사용하고 있다. 또 거기에 걸맞는 용품을 사용한다. 그리고 모든 절차를 진행하면서 구속의 은혜와 부활을 찬양하며 하나님께 영광을 돌린다. 모든 성도들에게 부활이 실제가 되는 행함의 복음인 것이다.

천국환송예식에 관한 모든 용어와 용품, 절차에 관한 보다 구체적인 내용은 필자의 저서 '성경적 천국환송'(쿰란출판사) '천국환송예식서'(쿰란출판사)를 참고하면 된다.

14

장례식장을 헤븐웨딩홀
(HEAVEN WEDDING HALL) ~
봉안당을 홀리캐슬(HOLY CASTLE)로

> 당신은 진정한 그리스도인입니까? 그렇다면 묻겠습니다.
> 정말 부활을 알고 계십니까? 예수 부활을 믿고 있습니까?
> 그렇게 알고 믿는다면 바뀌었습니까? 아직도 바뀌지 않았다면 아닙니다.
> 무엇이 바뀌는 것입니까? 장례식장을 헤븐웨딩홀로 봉안당을 홀리캐슬로 바꿔야 합니다.

이제는 예수 부활로 말미암아 장례식장이 천국가는 헤븐웨딩홀로 바뀌어야 한다.

모든 그리스도인들은 사실 천국으로 가는 to heaven(투 헤븐)이다. 그 때가 바로 주님과의 결혼을 위한 신부되는 과정의 예식인 것이다. 그렇다면 그 예식의 장소가 장례식장이라는 말은 어울리지 않는다. 천국환송예식장이며 헤븐웨딩홀(Heaven Wedding Hall)이 되어야 한다.

그럼에도 모든 그리스도인들도 예외없이 인생의 마지막을 장례식장에서 마무리하고 있다. 다른 방법이 없고 선택의 여지가 없기 때문이다. 성경적인 혼인잔치 개념의 장소와 시설이 없는 현실이다. 그러나 정확히 알고 이제는 바꿔야 한다. 생각해보라. 장소에 따라 모든 상황이 달라진다. 만약 지금 소가 도살장에 간다면 왜 그곳에 가겠는가? 도축장으로 끌려가서 어떻게 되겠는가? 이처럼 언제나 장소를 보면 그 상황을 알 수 있기에 매우 중요하다. 유니폼을 입고 운동장에 나가면 무엇을 하겠는가? 그에 걸맞게 운동을 해야 한다. 수영을 하려면 수영장을 가야지 축구장에 갈 수 없다. 공부를 하려고 도서관이나 학교에 가지 않고 게임방으로 가면 되겠는가? 잠을 자려면 안방이나 침대로 가야 하는데 엉뚱한 뒷산으로 나가서 잘 수 없는 것이다.

"그러나 우리의 시민권은 하늘에 있는지라 거기로부터 구원하는 자 곧 주 예수 그리스도를 기다리노니"(빌3:20) 성도들은 분명히 말하지만 하늘시민, 천국시민인 것이다. 이 땅에서는 이름을 갖고 살았지만 이제는 하늘 생명책에 기록된 이름으로 천국시민이 되는 것이다.

그렇다면 지금 어디로 가고 있는 것인가? 가는 장소가 어디인가? 천국으로 가는데 어디에서 환송을 해야 하는가? 하늘나라 아버지 집 천국에 가는 것이라면 당연히 천국환송예식장이 되어야 한다. 미국에 가려면 미국 비행기를 타야하는 것과 같다. 엉뚱한 곳으로 가는 비행기를 타면 안된다. 미국 시민권을 취득하여 인천국제공항에서 환송식을 하는 것처럼 당연히 천국 가는 천국환송예식장이어야 한다. 그러나, 우리의 현실은 그리스도인 전용의 천국환송예식장이 없다. 그렇다고 탓을 하며 관망만 하고 있을 수 없다.

"그들이 하나님을 시인하나 행위로는 부인하니 가증한 자요 복종하지 아니하는 자요 모든 선한 일을 버리는 자니라"(딛1:16) 그렇다. 모두가 구원받은 하나님의 자녀인데 마지막 행위를 장례식에서 끝을 맺는다면 과연 바람직한 것인가? 행위로 부인하면 안되기에 마지막 행위를 장례식장이 아닌 천국환송예식장에서 모든 일들이 진행되고 마무리 되어야 한다. 복종치 않는 엉터리가 되어 믿음의 선을 버리므로 생애가 한꺼번에 물거품이 되는 결과를 초래하게 되는 것이다. 끝이 중요하다. 장소가 중요하다. 죽음의 장례식장에서 천국의 헤븐웨딩홀이 되어야 한다.

정말 예수 부활을 알고 믿고 있는가? 그렇다면 우리의 마지막 장소는 천국환송예식장, 헤븐웨딩홀이어야 한다. 천국 가는 사람이 장례식장으로 간다면 이는 큰 잘못이다. 이는 기분 나쁜 정도를 넘어 전혀 이치에 맞지 않고 비성경적이다.

무엇이든 장소가 매우 중요하다. 지금 어디에 있느냐의 장소를 보면 무슨 일을 하고 있는지 금방 알 수 있기 때문이다. 교회에 있으면 예배를 드리든지 주의 일을 하는 것이다. 오락실, 게임방, 노래방에 있으면 그렇게 놀려고 있는 것이다. 그렇기에 부모들이 그런 곳에 가지 말라고 말리며 잔소리를 하는 것이다. 이 땅에서 그리스도인의 마지막 장소가 어디인가? 누구를 막론하고 모두가 장례식장이다. 그렇지만 사실은 지금 어디에 가고 있는가? 천국이다. 그럼에도 장례식장으로 가고 있는 것이다.

일반적으로 장례식장을 말하면 기분이 썩 좋지 않고 별로 가고 싶지 않은 곳이다. 느껴지는 모든 분위기가 아름답고 머무르고 싶은 천국과는 전혀 무관하고 반대의 모습이기 때문이다. 향과 어우러지는 장례식장의 냄새까지 상쾌하지 않고 먹는 음식도 때로는 꺼려진다. 무섭기도 하고 혐오스러움을 느끼기까지 하는 사람도 있다. 혼자 있으면 더욱 그렇다. 이 모든 이유는 죽음의 모습이기 때문이다. 죽음의 두려움과 공포스러움을 벗어나지 못하고 있다.

"우리가 즐거워하고 크게 기뻐하며 그에게 영광을 돌리세 어린 양의 혼인 기약이 이르렀고 그의 아내가 자신을 준비하였으므로"(계19:7) 혼인기약의 날을 설레임과 기대감으로 기다려야 한다. 그러나 현실에서 보이는 장례식은 전혀 그렇지 않다. 그런 마음이 들지 않는다. 사실 성도는 주님의 신부로서 어린양의 혼인잔치를 준비하며 즐거워하고 기뻐해야 한다. 영광을 돌려야 한다.

"천사가 내게 말하기를 기록하라 어린 양의 혼인잔치에

청함을 받은 자들은 복이 있도다 하고 또 내게 말하되 이것은 하나님의 참되신 말씀이라"(계19:9) 이처럼 그리스도인은 혼인잔치에 청함을 받은 자들이다. 그렇기에 복이 있다.

"천국은 마치 자기 아들을 위하여 혼인잔치를 베푼 어떤 임금과 같으니, 그 종들을 보내어 그 청한 사람들을 혼인잔치에 오라 하였더니 오기를 싫어하거늘, 다시 다른 종들을 보내며 이르되 청한 사람들에게 이르기를 내가 오찬을 준비하되 나의 소와 살진 짐승을 잡고 모든 것을 갖추었으니 혼인 잔치에 오소서 하라"(마22:2-4) 천국은 풍성한 잔치를 준비해서 사람들을 초청을 했다. 소와 살진 짐승을 잡고 축제의 혼인잔치로 갖추어져 있다. 이와 같은 은혜의 예식으로 준비되고 진행하는 헤븐웨딩홀이 되어야 한다.

"이에 종들에게 이르되 혼인 잔치는 준비되었으나 청한 사람들은 합당하지 아니하니, 네거리 길에 가서 사람을 만나는 대로 혼인 잔치에 청하여 오라 한 대, 종들이 길에 나가 악한 자나 선한 자나 만나는 대로 모두 데려오니 혼인 잔치에 손님들이 가득한지라"(마22:8-10) 혼인잔치를 준비하여 초청을 했고 많은 손님들로 가득찼다. 많은 사람들이 함께하는 예식장이 되어야 한다.

"임금이 손님들을 보러 들어올 새 거기서 예복을 입지 않은 한 사람을 보고, 이르되 친구여 어찌하여 예복을 입지 않고 여기 들어왔느냐 하니 그가 아무 말도 못하거늘"(마22:11-12) 문제는 이 혼인잔치에 예복을 입지 않은 것이다.

임금은 그 이유를 물었고 손님은 아무 대답을 못했다. 문제는 예복이다. 어떤 예복을 입고 있느냐가 중요하다. 혼인잔치에 걸맞게 예복을 입어야 한다.

"임금이 사환들에게 말하되 그 손발을 묶어 바깥 어두운 데에 내 던지라 거기서 슬피 울며 이를 갈게 되리라 하니라"(마22:13) 다른 이유가 아니다. 단지 혼인잔치에서 예복을 입지 않았다는 것 때문에 어두운 바깥으로 내 쫓겼다. 손발이 묶인 채로 슬피 울며 이를 갈게 된 것이다.

이러한 말씀을 잘 알고 있음에도 여전히 장례식장에서는 수의를 입히고 있다. 또 꽁꽁 묶인채로 장례식을 하고 있다. 예복으로 수의가 합당한가? 장례식장에서 장례식을 치르다보니 모든 용어와 용품들이 다 그렇다. 장소가 문제이다. 장례식장은 당연히 거기에 걸맞는 옷을 입고 그렇게 절차를 밟아야 한다. 이제는 바꿔야 한다. 장례식장에서 헤븐웨딩홀로 바뀌면 다 바뀌게 된다. 그 이름처럼 천국환송예식이 되며 혼인잔치의 축제가 된다. 이와같이 예수의 부활로 말미암아 철저하게 바뀌어야 한다.

부활실천신학의 과정을 통하여 22기까지 216명의 천국환송지도사가 배출되었다. 그 중 현장에서 장례식장을 운영하는 대표들도 있다. 경기도 화성, 충주, 춘천 등에 천국환송예식장과 헤븐웨딩홀이라고 간판을 새로 만들어 설치하기도 했다. 전국적으로 그리스도인의 전용인 헤븐웨딩홀이 세워지고 그곳에서 천국환송예식을 할 수 있는 날이 속히 오기를 기대한다.

 그리스도인 전용으로 바뀌어야 할 장소가 하나 더 있다.
 천국환송예식을 마치고 마지막 안식하는 곳이 어디인가?

 예수 부활로 말미암아 봉안당과 납골당에서 이제는 홀리캐슬로 바뀌어야 한다.
 전 국민의 약 85% 이상이 화장을 하고 있다. 점점 매장문화가 바뀌어가고 있다. 핵가족화 되면서 조상의 산소 등 관리가 쉽지 않고, 정부의 정책도 좁은 땅에 한계가 있기 때문이다. 그렇기에 대부분은 결국에 봉안당(납골당)에 모시게 된다. 여기에 그리스도인들도 예외가 없다. 그렇지만 그리스도인들도 똑같이 이 땅에서의 최종 장소가 봉안당이라는 사실에는 동의하기 어렵다. 봉안당과 납골당이라는 말 자체부터 성경적이지 못하고, 주님 오실 때에 부활하는 장소로도 마땅하지 않기 때문이다.
 "또 내가 보매 거룩한 성 새 예루살렘이 하나님께로부터 하늘에서 내려오니 그 준비한 것이 신부가 남편을 위하여 단장한 것 같더라"(계21:2) 구원받은 성도들이다. 신부된 자가 마지막 거하는 장소가 바로 거룩한 성, 홀리캐슬이다.
 "내가 들으니 보좌에서 큰 음성이 나서 이르되 보라 하나님의 장막이 사람들과 함께 있으매 하나님이 그들과 함께 계시리니 그들은 하나님의 백성이 되고 하나님은 친히 그들과 함께 계셔서"(계21:3) 구원받은 성도들과 함께 거하는 하나님의 장막이다.

"모든 눈물을 그 눈에서 닦아 주시니 다시는 사망이 없고 애통하는 것이나 곡하는 것이나 아픈 것이 다시 있지 아니하리니 처음 것들이 다 지나 갔음이러라"(계21:4) 거기에서 모든 눈물을 닦아 주신다. 또 사망이나 애통, 곡하는 것과 아픈 것이 전혀 없는 곳이다

이처럼 새 하늘과 새 땅의 새 예루살렘, 거룩한 성이 그려진다. 마치 모델 하우스를 보는 것과 같다. 아파트에 입주를 하려면 먼저 그 모양대로 지어진 모델 하우스가 있기 마련이다. 그 아파트와 집의 구조들을 보고 감탄하며 예약을 하고 청약을 한다. 마찬가지로 마지막 성도들이 거할 거룩한 성에 대하여 성경은 자세하게 설명하고 있다.

천국의 모델하우스를 이 땅에 만들면 좋겠다는 생각에 완벽할 수 없지만 성경에서 말하는 대로 그 거룩한 성을 만들고 있다. 그래서 이름까지 홀리캐슬(HOLY CASTLE)로 했다. 실제로 그곳에는 생명나무와 할렐루야의 찬양이 있다. 아름다운 분위기로 쉴 수 있는 테이블과 무료 커피숍도 있다. 문화의 거리와 자리도 마련했다. 음침한 분위기가 아닌 살아있는 생명의 공간으로 만들었다. 그리스도인을 위한 홀리캐슬의 완성을 위하여 많은 관심과 협력을 바란다. 자랑

스런 한국교회에 적어도 기독교 문화의 중심이 될 만한 천국환송예식장, 헤븐웨딩홀이 또 멋진 거룩한 성의 홀리캐슬이 구별되어 건립되어야 하지 않겠는가? 이를위해 많은 관심과 동역, 기도가 필요하다.

"일곱 대접을 가지고 마지막 일곱 재앙을 담은 일곱 천사 중 하나가 나아와서 내게 말하여 이르되 이리 오라 내가 신부 곧 어린 양의 아내를 네게 보이리라 하고"(계21:9) 신부 곧 아내된 성도들이 거할 장소이다.

"성령으로 나를 데리고 크고 높은 산으로 올라가 하나님께로부터 하늘에서 내려오는 거룩한 성 예루살렘을 보이니"(계21:10) 그곳이 바로 거룩한 성이다.

"하나님의 영광이 있어 그 성의 빛이 지극히 귀한 보석 같고 벽옥과 수정같이 맑더라"(계21:11) 거기엔 하나님의 영광과 또 성의 빛은 보석으로 맑다.

"크고 높은 성곽이 있고 열두 문이 있는데 문에 열두 천사가 있고 그 문들 위에 이름을 썼으니 이스라엘 자손 열두 지파의 이름들이라"(계21:12) 거기엔 열두 문과 열두 천사 그리고 열두 지파의 이름들이 써있다.

"그 성의 성곽에는 열두 기초석이 있고 그 위에는 어린 양의 열두 사도의 열두 이름이 있더라"(계21:14) 열두 사도의 이름까지 있다.

"그 열두 문은 열두 진주니 각 문마다 한 개의 진주로 되어있고 성의 길은 맑은 유리 같은 정금이더라"(계21:21) 열두 진주 문으로 되어있고 성은 맑고 유리같은 정금으로 길이 되어있다.

"성 안에서 내가 성전을 보지 못하였으니 이는 주 하나님 곧 전능하신 이와 및 어린 양이 그 성전이심이라"(계21:22) 그 성안은 하나님과 어린양이 성전인 것이다.

"그 성은 해나 달의 비침이 쓸데 없으니 이는 하나님의 영광이 비치고 어린 양이 그 등불이 되심이라"(계21:23) 성에는 피조물의 해와 달이 아니라 하나님의 영광으로 비치고 어린 양이 친히 등불로 밝히고 있다.

"낮에 성문들을 도무지 닫지 아니하리니 거기에는 밤이 없음이라"(계21:25) 거기는 전혀 밤이 없고 어두움이 없는 것이다.

"무엇이든지 속된 것이나 가증한 일 또는 거짓말하는 자는 결코 그리로 들어가지 못하되 오직 어린양의 생명책에 기록된 자들만 들어가리라"(계21:27) 중요한 것은 그 거룩한 성 홀리캐슬에는 생명책에 기록된 자들만 들어갈 수 있다고 성경은 말한다. 즉 구원받은 자들만의 거룩한 성이다.

"길 가운데로 흐르더라 강 좌우에 생명나무가 있어 열두 가지 열매를 맺되 달마다 그 열매를 맺고 그 나무 잎사귀들은 만국을 치료하기 위하여 있더라"(계22:2) 생명수 강이 길 가운데로 흐르는데 강´좌우에 생명나무가 있다. 거기엔 12가지 열매를 맺고 또 만국을 치료하는 잎사귀들이 있다.

"다시 저주가 없으며 하나님과 그 어린 양의 보좌가 그 가운데에 있으리니 그의 종들이 그를 섬기며"(계22:3) 그곳엔 저주가 다시 없고 하나님과 어린양을 종들이 섬기고 있다.

"다시 밤이 없겠고 등불과 햇빛이 쓸 데 없으니 이는 주 하나님이 그들에게 비치심이라 그들이 세세토록 왕노릇하리로다"(계22:5) 다시는 밤의 어두움이 없다. 왜냐하면 하나님 자신이 친히 비쳐주시기에 등불이나 햇빛이 쓸 데 없는 것이다.

이렇게 예수 부활의 생명은 성도들을 거룩한 성 새 예루살렘에서 영원히 살게 한 것이다. 사람이 만든 세상 방법의 봉안당과 납골당이 아닌 것이다. 예수 부활로 구원받은 성도들이 거할 곳이기에 홀리캐슬의 성경적인 용어로 완전히 바꾸었다.

이 홀리캐슬은 현재 기독교인 전용으로 실제로 한국 세계 최초로 만들고 있다. 성경의 설계와 말씀대로 했다. 그곳에는 생명책에 기록된 자들만 들어가기에 유골함과 납골함이 아니다. 유골함 대신에 책으로 만들어서 도서관처럼 꾸몄다. 그리고 그 책에는 The Story of Life라고 썼다.

또 하나의 책이 있다.

"또 내가 보니 죽은 자들이 큰 자나 작은 자나 그 보좌 앞에 서 있는데 책들이 펴있고 또 다른 책이 펴졌으니 곧 생명책이라 죽은 자들이 자기 행위를 따라 책들에 기록된 대로 심판을 받으니"(계20:12) 2권의 책이 있는 것이다.

"바다가 그 가운데서 죽은 자들을 내주고 또 사망과 음부도 그 가운데에서 죽은 자들을 내 주매 각 사람이 자기의 행위대로 심판을 받고"(계20:13) 또 하나의 책에는 그가 행한 삶의 이야기들을 기록한 것이다. 하늘시민의 이야기는 물론 사랑하는 가족이 와서 그곳에 아름다운 믿음의 교훈들을 적는 책이다.

이와같이 하늘시민 본인에 대한 삶의 행전들을 기록하고 또 후손들은 그를 교훈으로 삼는다. 아브라함과 다윗의 역사를 보고 믿음의 본을 받아 믿음을 지켜나가는 것처럼 가장 가까운 가족의 이별을 통하여 이 땅에 사는 동안 믿음의 역사를 보고 배우며 교훈을 삼고 지침을 받는 것이다.

이를 통해 아브라함의 영적 계보를 이어가며 믿음의 자부심을 갖게 된다. 가족들이 사랑의 마음을 전하고 못다한 말을 하면서 소통을 한다. 여기에서 아픔의 관계가 회복되며 치유하는 공간이 되기도 한다. 가족을 잃은 슬픔은 너무 크다.

그러나 부활의 현장에서 생명책에 기록된 이름을 생각하고 또 준비된 책에 내가 직접 쓰면서 회개하고 다짐하며 아름다운 추억을 간직하고 나눌 수 있는 귀한 공간이다. 이를 위한 한국과 세계최초로 성경적인 홀리캐슬이 온전하게 세위질 수 있도록 성원을 바란다.

15
가난에서 부요함으로

> 당신은 구원받은 그리스도인입니다.
> 그런데 아직도 가난합니까?
> 당신은 예수 부활을 믿는 그리스도인입니다.
> 그렇다면 가난하지 않습니다.
> 당신은 부활의 복음을 아는 사람입니다.
> 그렇다면 가난은 이미 떠났습니다.
> 부활을 믿는 사람은 축복의 주인공입니다.

예수 부활은 가난한 사람들을 부자로 바꾸었다. 가난한 사람들이 없었다. 이것이 초대교회의 모습이다.

"사도들이 큰 권능으로 주 예수의 부활을 증언하니 무리가 큰 은혜를 받아"(행4:33) 초대교회의 사도들은 큰 권능이 있었다. 그 이유는 죽음을 이기고 부활하신 예수 복음이 있었기 때문이다. 만약 죽음까지 이기신 부활의 믿음이 없었다면 그들은 온갖 핍박과 박해속에서 넘어졌을 것이다. 그러나 담대하게 부활을 외쳤고 증거했으며 많은 무리가 큰 은혜를 입었다.

"그 중에 가난한 사람이 없으니 이는 밭과 집있는 자는 팔아 그 판 것의 값을 가져다가"(행4:34) 부활을 전하며 증거하는 자들 중에 가난한 사람이 없었다. 큰 은혜을 받으니 놀랍게도 밭과 집을 팔아 가져오기도 했다. 다시 말해서 부활을 믿고 전하며 살아가는 초대교회의 사람에게 가난한 사람이 없었던 것이다.

"사도들의 발 앞에 두매 그들이 각 사람의 필요를 따라 나누어 줌이라"(행4:35) 그리고 밭과 집을 팔은 것으로 필요에 따라 각 사람에게 나눠졌다. 물질의 풍성함으로 나누고 섬겼던 것을 알 수 있다.

"할렐루야, 여호와를 경외하며 그의 계명을 크게 즐거워하는 자는 복이 있도다, 그의 후손이 땅에서 강성함이여 정직한 자들의 후손에게 복이 있으리로다"(시112:1-2) 누가 복이 있는가, 후손에게까지 복이 임하는 자는 누구인가?

"부와 재물이 그의 집에 있음이여 그의 공의가 영구히 서 있으리로다"(시112:3) 여호와를 경외하며 계명을 크게 즐거워하는 자의 집에 부와 재물이 있다. 부와 재물의 축복은 후손에게까지 계속된다.

"어떤 사람에게든지 하나님이 재물과 부요를 그에게 주사 능히 누리게 하시며 제 몫을 받아 수고함으로 즐거워하게 하신 것은 하나님의 선물이라"(전5:19) 이처럼 하나님은 사람에게 재물과 부요의 복을 주신다. 이것이 하나님 선물이다.

하나님이 주신 최고의 선물은 사실 예수 그리스도이다. 예수 그리스도이면 모든 것이 충분하다. 이 예수를 통하여 재물과 부요를 약속하셨다. 이는 부활의 예수로 가능한 것이다.

"네가 만일 네 입으로 예수를 주로 시인하며 또 하나님께서 그를 죽은 자 가운데서 살리신 것을 네 마음에 믿으면 구원을 받으리라"(롬10:9) 구원의 조건이 있다. 입으로 예수를 주로 시인해야 한다. 그런데 중요한 것은 하나님께서 주로 시인한 그 예수는 부활의 예수이다. 죽음에서 다시 살아나신 이 부활을 믿어야 한다. 입으로 시인하고 마음에 부활의 예수를 믿어야 구원에 이른다. 부활이 없으면 구원에 이르지 못한다. 부활의 예수가 중요하다.

"유대인이나 헬라인이나 차별이 없음이라 한 분이신 주께서 모든 사람의 주가 되사 그를 부르는 모든 사람에게 부요하시도다"(롬10:12) 부활의 예수는 한 분이며 모든 사람의 주가 되신다. 그리고 그 부활의 주를 부르는 모든 사람을 부요케 하신다. 부활의 믿음은 그 자체가 부요한 것이며, 가난에서 떠났고 저주에서 해방되었다.

부활을 믿는 자가 그리스도인이다. 만약 부활을 믿지 않으면 여기에는 구원이 없고 그리스도인이 될 수 없다. 그렇기에 그리스도인에게는 이런 은혜가 있다.

"무명한 자 같으나 유명한 자요 죽은 자 같으나 보라 우리가 살아있고 징계를 받는 자 같으나 죽임을 당하지 아니하고, 근심하는 자 같으나 항상 기뻐하고 가난한 자 같으나 많은 사람을 부요하게 하고 아무것도 없는 자 같으나 모든 것을 가진 자로다"(고후6:9-10) 그렇다. 죽음이 아니다. 무명한 자가 아니라 근심하는 자가 아니다. 부활의 그리스도인은 유명한 자요 항상 기뻐하는 자이다. 그리고 절대로 가난하지 않다. 부요한 자이며 모든 것을 가진 자이다. "우리 주 예수 그리스도의 은혜를 너희가 알거니와 부요하신 이로서 너희를 위하여 가난하게 되심은 그의 가난함으로 말미암아 너희를 부요하게 하려 하심이라"(고후8:9) 예수의 죽으심은 우리를 살리려함이다. 예수의 가난함은 우리로 하여금 부요하게 하려는 것이었다. 그렇기에 예수 부활로 가난은 떠나갔다.

"하나님이 능히 모든 은혜를 너희에게 넘치게 하시나니 이는 너희로 모든 일에 항상 모든 것이 넉넉하여 모든 착한 일을 넘치게 하게 하려 하심이라"(고후9:8) 하나님은 항상 모든 것이 넉넉하여 넘치게 하신다. 그래서 무엇을 하시는가?

"기록된 바 그가 흩어 가난한 자들에게 주었으니 그의 의가 영원토록 있느니라"(고후9:9) 이렇게 넉넉하여 부자가 되게 하시어서 가난한 자들에게 주었다.

"심는 자에게 씨와 먹을 양식을 주시는 이가 너희 심을 것을 주사 풍성하게 하시고 너희 의의 열매를 더하게 하시리니"(고후9:10) 풍성하게 하시어 열매를 더하게 하신다.

"너희가 모든 일에 넉넉하여 너그럽게 연보를 함은 그들이 우리로 말미암아 하나님께 감사하게 하는 것이라"(고후9:11) 이처럼 넉넉하게 하여 너그럽게 헌금하게 했다. 가난하여 연보하지 못하게 하지 않았다. 풍성한 연보로 하나님께 더 감사해야 한다.

"이 직무로 증거를 삼아 너희가 그리스도의 복음을 진실히 믿고 복종하는 것과 그들과 모든 사람을 섬기는 너희의 후한 연보로 말미암아 하나님께 영광을 돌리고"(고후9:13) 이처럼 후한 연보로 하나님께 영광을 돌리는 것이다. 가난하여 헌금하지 못하고 영광을 가리지 않게 하셨다.

"네가 만일 네 하나님 여호와의 말씀만 듣고 내가 오늘 네게 내리는 그 명령을 다 지켜 행하면 네 하나님 여호와께서 네게 기업으로 주신 땅에서 네가 반드시 복을 받으리니 너희 중에 가난한 자가 없으리라"(신15:4-5) 하나님께서는 말씀을 듣고 지키고 행하면 가난한 자가 없도록 했다.

"네가 네 하나님 여호와의 말씀을 청종하면 이 모든 복이 네게 임하며 네게 이르리니 성읍에서도 복을 받고 들에서도 복을 받을 것이며 네 몸의 자녀와 네 토지의 소산과 네 짐승의 새끼와 소와 양의 새끼가 복을 받을 것이며 네 광주리와 떡 반죽 그릇이 복을 받을 것이며 네가 들어와도 복을 받고 나가도 복을 받을 것이니라"(신28:2-6) 어디에서든 복을 받으려면 말씀을 청종해야 한다. 이것이 하나님의 약속이다.

"여호와께서 너를 위하여 하늘의 아름다운 보고를 여시사 네 땅에 때를 따라 비를 내리시고 네 손으로 하는 모든 일에 복을 주시리니 네가 많은 민족에게 꾸어줄지라도 너는 꾸지 아니할 것이요"(신28:12) 계속해서 하늘의 보고를 열어 복 주신다고 약속했다. 이러한 약속하신 말씀이 그대로 이루어졌다. 부활의 예수로 말씀이 이 땅에 실제가 되었다.

"태초에 말씀이 계시니라 이 말씀이 하나님과 함께 계셨으니 이 말씀은 곧 하나님이시니라"(요1:1) 태초의 혼돈과 공허와 흑암에 오직 말씀만 계셨다. 그 말씀이 곧 하나님이시다. 그런데 이 말씀은 보이지 않고 만질 수 없었다. 그런데 말씀이 실제로 우리에게 나타났다.

"참 빛 곧 세상에 와서 각 사람에게 비추는 빛이 있었나니 그가 세상에 계셨으며 세상은 그로 말미암아 지은 바 되었으되 세상이 그를 알지 못하였고"(요1:9-10) 창조주 하나님이 세상에 빛으로 오셨지만 세상은 알지 못하였다.

"말씀이 육신이 되어 우리 가운데 거하시매 우리가 그의 영광을 보니 아버지의 독생자의 영광이요 은혜와 진리가 충만하더라"(요1:14) 말씀이 친히 육신으로 나타나서 성육신(Incarnation)하셨다.

"영접하는자 곧 그 이름을 믿는 자들에게는 하나님의 자녀가 되는 권세를 주셨으니"(요1:12) 육신으로 오신 예수를 영접하고 믿는 자들에게 하나님 자녀의 권세가 주어졌다. 자녀의 권세 중에 하나가 바로 가난이 아닌 부요함이다.

"이삭이 그 땅에서 농사하여 그 해에 백배나 얻었고 여호와께서 복을 주시므로 그 사람이 창대하고 왕성하여 마침내 거부가 되어"(창26:12-13) 하나님께서 백배의 축복으로 창대하고 왕성하여 거부가 되게 하셨다.

"가난한 자를 진토에서 일으키시며 빈궁한 자를 거름더미에서 올리사 귀족들과 함께 앉게 하시며 영광의 자리를 차지하게 하시는도다 땅의 기둥들은 여호와의 것이라 여호와께서 세계를 그것들 위에 세우셨도다"(삼상2:8) 이처럼 하나님께서 하시면 된다. 가난한 자와 빈궁한 자를 높혀주시는 하나님이시다.

"가난한 자를 먼지 더미에서 일으키시며 궁핍한 자를 거름 더미에서 들어 세워"(시113:7) 특별히 가난한 자와 궁핍한 자를 일으키시며 세워주신다.

"여호와는 가난하게도 하시고 부하게도 하시며 낮추기도 하시고 높이기도 하시는도다"(삼상2:7) 또 가난하게도 하지만 부하게 하시는 하나님이시다.

"맹인이 보며 못 걷는 사람이 걸으며 나병환자가 깨끗함을 받으며 못 듣는 자가 들으며 죽은 자가 살아나며 가난한 자에게 복음이 전파된다 하라"(마11:5) 이처럼 불가능한 상황에서 보게하며, 걷게 하며, 깨끗함을 받고, 죽음까지 해결하고, 가난한 자를 복음으로 부요케 하신다.

이러한 모든 복의 시작과 근원은 어디에서 가능한가? 어떻게 우리와 나에게까지 복을 받을 수 있는가? 첫 시작이 아브라함이다. 그는 믿음의 조상이며 복의 근원(창12:2-3)이었다. 왜 그런가, 아브라함은 어떤 사람이었는가?

"아브라함이 하나님을 믿으매 그것을 그에게 의로 정하셨다 함과 같으니라"(갈3:6) 그는 하나님을 믿었다.

"그런즉 믿음으로 말미암은 자들은 아브라함의 자손인 줄 알지어다"(갈3:7) 이렇게 믿음은 놀라운 것이다. 어느 곳에

살건, 혈통이 달라도 믿음으로 아브라함의 자손이 된다. 미국이나 아프리카나 어느 나라 사람이건 우리 모두는 믿음으로 아브라함의 자손이 되었다.

"또 하나님이 이방을 믿음으로 말미암아 의로 정하실 것을 성경이 미리 알고 먼저 아브라함에게 복음을 전하되 모든 이방인이 너로 말미암아 복을 받으리라 하였느니라"(갈3:8) 믿음으로 이방인도 의로운 자가 되었는데 먼저 아브라함에게 복음을 전했다. 이 복음으로 모든 이방인들도 복을 받도록 했다. 다시말해 복음으로 복을 받는 것이다.

한국땅도 무지와 가난의 땅이었다. 그럼에도 복음이 들어와서 축복의 땅으로 바뀌었다. 온 세계 모든 구석마다 복음의 씨로 축복의 나라로 변화시켰다. 개인적으로 시골 출신의 가난한 자였지만 나도 복음으로 놀라운 축복의 가정으로 바뀌었기에 이런 말씀이 실감나며 확신하게 된다.

"그러므로 믿음으로 말미암은 자는 믿음이 있는 아브라함과 함께 복을 받느니라"(갈3:9) 온 세계가 믿음으로 복을 받은 아브라함처럼 동일하게 그 믿음으로 복을 받는다. 이 믿음은 '먼저 아브라함에게 복음을 전하되'(갈3:8)의 말씀처럼 아브라함에게 먼저 주었던 믿음 즉 복음인 것이다. 이 복음으로 이방인들인 우리까지 복을 받게 되었다.

복음은 예수 그리스도이다. 예수는 최종 마지막 부활로 모든 것을 완성시켰다. 부활로 말미암아 영원한 생명뿐 아니라, 이 땅에 사는 동안에 가난의 문제까지도 완전히 해결하셨다.

부록

1. 예수가 부활할 수 있는 이유가 무엇인가? 왜 복음인가?

복음은 무엇인가? 다시한번 구체적으로 제시하고자 한다. "하나님의 아들 예수 그리스도의 복음의 시작이라"(막1:1) 모든 것의 시작은 복음이다. 이 복음은 예수 그리스도이다. 이는 바로 하나님의 아들이다.

"요한이 잡힌 후 예수께서 갈릴리에 오셔서 하나님의 복음을 전파하여"(막1:14) 전파하는 내용이 복음이다.

"이르시되 때가 찼고 하나님의 나라가 가까이 왔으니 회개하고 복음을 믿으라 하시더라"(막1:15) 때가 찼고 이제는 회개할 때이다. 그리고 믿어야 한다. 무엇을? 복음을 믿으라고 했다.

"하늘로부터 소리가 나기를 너는 내 사랑하는 아들이라 내가 너를 기뻐하노라 하시니라"(막1:11) 예수를 '내 사랑하는 아들이라'고 했다. 복음은 하나님의 아들이다. 하나님의 아들이신 예수 그리스도를 믿는 것이다. 하나님의 아들은 무엇인가?

"아버지께서 자기 속에 생명이 있음같이 아들에게도 생명을 주어 그 속에 있게 하셨고"(요5:26) 하나님 아버지의 생명은 영원하다. 절대로 죽을 수 없는 생명이다. 이 생명이 아들인 예수에게 있다. 그렇기에 예수의 생명도 결코 죽을 수 없다. 육신의 생명은 33년으로 끝났지만 하나님 아버지의 생명이기에 이는 다시 살아나셨다. 이것이 부활이다.

"이 복음은 하나님이 선지자들을 통하여 그의 아들에 관하여 성경에 미리 약속하신 것이라"(롬1:2) 복음을 설명하고 있다. 하나님 아들에 관하여 성경에 약속한 것이라고 말한다.

"그의 아들에 관하여 말하면 육신으로는 다윗의 혈통에서 나셨고"(롬1:3) 육신으로는 다윗의 혈통으로 나셨다. 그리고 육신의 생명이기에 33년을 사셨다.

"성결의 영으로는 죽은 자들 가운데서 부활하사 능력으로 하나님의 아들로 선포되셨으니 곧 우리 주 예수 그리스도시니라"(롬1:4) 영으로는 죽음을 이기고 부활했다. 이 부활의 능력으로 말미암아 하나님의 아들로 선포되었다. 이가 곧 예수 그리스도이다.

"예수께서 제자들 앞에서 이 책에 기록되지 아니한 다른 표적도 많이 행하셨으나 오직 이것을 기록함은 너희로 예수께서 하나님의 아들 그리스도이심을 믿게 하려함이요 또 너희로 믿고 그 이름을 힘입어 생명을 얻게 하려 함이니라"(요 20:30-31) 예수는 하나님의 아들이시다. 이를 믿게 하려고 많은 표적을 행하셨다. 그리고 마지막 생명을 얻게 하는 것이 최종 목적이다.

"또 증거는 이것이니 하나님이 우리에게 영생을 주신 것과 이 생명이 그의 아들 안에 있는 그것이니라"(요일5:11) 하나님은 우리에게 영원한 생명을 주셨다. 이 생명이 바로 하나님의 아들인 예수 안에 있다.

"아들이 있는 자에게는 생명이 있고 하나님의 아들이 없는 자에게는 생명이 없느니라"(요일5:12) 하나님의 아들되신 예수 그리스도에게만 영생이 있다. 하나님은 생명 자체이기 때문에 아들에게 그 생명을 주었고 그 아들 예수를 믿지 않으면 영생이 없다. 그렇기에 예수 그리스도를 믿음으로 우리도 영원한 생명을 얻을 수 있다.

"아버지가 아들을 세상의 구주로 보내신 것을 우리가 보았고 또 증언하노니, 누구든지 예수를 하나님의 아들이라 시인하면 하나님이 그의 안에 거하시고 그도 하나님 안에 거하느니라"(요일4:14-15) 하나님 아버지께서 아들을 이 땅에 보내서 구주로 삼으셨다. 이 예수를 하나님 아들로 시인해야 한다.

"예수께서 이르시되 나는 부활이요 생명이니 나를 믿는 자는 죽어도 살겠고 무릇 살아서 나를 믿는 자는 영원히 죽지 아니하리니 이것을 네가 믿느냐"(요11:25-26) 나사로가 죽은 지 이미 나흘이 지났다. 이를 앞에 두고 예수님은 물으셨다.

"이르되 주여 그러하외다 주는 그리스도시요 세상에 오시는 하나님의 아들이신 줄 내가 믿나이다"(요11:27) 그리스도가 하나님의 아들인 것을 믿는다고 대답한다.

"예수께서 이르시되 내 말이 네가 믿으면 하나님의 영광을 보리라 하지 아니하였느냐 하시니"(요11:40) 이를 믿으면 하나님의 영광을 본다고 했다.

"이 말씀을 하시고 큰 소리로 나사로야 나오라 부르시니 죽은자가 수족을 베로 동인 채로 나오는데 그 얼굴은 수건에 싸였더라 예수께서 이르시되 풀어 놓아 다니게 하라 하시니라"(요11:43-44) 하나님의 아들 예수 그리스도를 믿음으로 말미암아 실제로 죽은 나사로가 살아나는 부활의 영광을 보는 장면이다.

이처럼 복음은 예수 그리스도이다. 예수 그리스도는 하나님의 아들이다. 하나님의 아들은 하나님 아버지의 생명을 소유한 자이다. 그렇기에 죽음이 없다. 영원한 생명이다. 예수도 하나님의 아들이었기에 죽음을 이겼고 부활했다.

그리스도인은 예수 그리스도를 믿음으로 하나님 자녀가 되었다. 그렇기에 하나님을 아버지라 부르며 그 생명을 소유한 자이다. 육신의 부모로부터 받은 생명은 100년으로 끝난다. 그러나 하나님 아버지로부터 받은 생명은 영원하다. 이것을 믿는 것이 믿음이다. 이 믿음은 복음이다. 예수가 아들이신 것을 믿는 믿음, 다시 말해서 예수의 부활을 믿는 믿음이 복음이다.

"이르시되 너희는 나를 누구라 하느냐"(마16:15) 예수님은 사람들이 나를 누구라고 하느냐고 것을 물으셨다. 그리고 제자들에게도 그러면 너희는 내가 누구냐고 다시 물으셨다. "시몬 베드로가 대답하여 이르되 주는 그리스도시요 살아

계신 하나님의 아들이시니이다"(마16:16) 이때 베드로가 살아계신 하나님 아들이라고 대답한 것이다.

"예수께서 대답하여 이르시되 바요나 시몬아 네가 복이 있도다 이를 네게 알게 한 이는 혈육이 아니요 하늘에 계신 내 아버지시니라"(마16:17) 여기에 예수님은 베드로의 대답에 네가 복이 있다고 말씀하셨다.

"또 내가 네게 이르노니 너는 베드로라 내가 이 반석 위에 내 교회를 세우리니 음부의 권세가 이기지 못하리라"(마16:18) 계속해서 그 고백의 반석위에 내 교회를 세운다고 하셨다. 그리고 음부의 권세가 이기지 못한다고 했다. 이기지 못하는 그 이유가 있다. 아들은 하나님의 생명을 가지고 있기 때문이다. 아무도 하나님 생명을 이길 수 없다. 이것이 교회이다. 세상의 그 무엇도 아무도 교회를 절대로 이길 수 없는 것이다.

"내가 천국 열쇠를 네게 주리니 네가 땅에서 무엇이든지 매면 하늘에서도 매일 것이요 네가 땅에서 무엇이든지 풀면 하늘에서도 풀리리라 하시고"(마16:19) 더 나가서 천국 열쇠를 교회에게 주셨다. 하늘과 땅의 모든 것들을 매고 푸는 권세를 교회에게 주신 것이다.

이처럼 교회는 철저하게 살아계신 하나님 아들의 고백위에 세워졌다. 이것이 교회이고 교회의 기초는 복음이다. 복음은 하나님의 아들인 예수 그리스도이다. 교회는 이 복음을 말하고 전해야 한다. 예수는 하나님 아버지의 생명을 가졌기에 인간의 유한한 죽음도 이겼다. 이것이 부활이다.

이제는 예수를 믿되 부활을 믿는 진정한 복음이 되어야 한다. 구속의 십자가 복음을 넘어 생명의 부활 복음이 있어야 한다. 이 부활의 복음으로 영생을 얻는 것이 구원이다. 최종 천국이며 하늘시민(빌3:20)으로 영원히 산다. 그리스도인을 죽음으로 끝내면 안된다. 복음이 실제가 되는 부활의 모습으로 해야한다.

"이와같이 행함이 없는 믿음은 그 자체가 죽은 것이라"(약2:17) 죽으면 안된다.

"어떤 사람은 말하기를 너는 믿음이 있고 나는 행함이 있으니 행함이 없는 네 믿음을 내게 보이라 나는 행함으로 내 믿음을 네게 보이리라 하리라"(약2:18) 말로만이 아니라 실제로 행함의 믿음을 보여야 한다. 그동안 부활의 복음은 이론만 있었고, 실제로 행함의 부활로 표현되지 못했다.

"네가 보거니와 믿음이 그의 행함과 함께 일하고 행함으로 믿음이 온전하게 되었느니라"(약2:22) 이제는 온전한 믿으로 실감있게 표현되어야 한다.

"영혼 없는 몸이 죽은 것 같이 행함이 없는 믿음은 죽은 것이니라"(약2:26) 철저하게 부활의 복음이 행함으로 나타나야 한다. 그렇지 않으면 그 부활이 죽은 믿음이 되기 때문이다.

이러한 부활의 복음을 조직신학에서 부활실천신학으로 다시 재정립했다. 예수 부활의 복음을 실제로 행함의 복음으로 표현했다. 죽음의 장례식을 천국환송예식으로 바꿔야 할 이론적 조직신학으로 또 목회에서 적용하는 실천신학이 되게 했다. 반만년 역사의 샤머니즘을 성경적 패러다임으로 바꾸는 문화운동이다.

이 귀한 사역을 본 투헤븐선교회에서 감당하고 있다. 모든 그리스도인은 천국으로 향하여 가는 투헤븐(to Heaven)이다. 이에 본 투헤븐에서는 복음을 복음되게 하고, 교회를 교회되게 하는 행함의 복음을 펼치는 사역으로 하나님께 시대적 사명을 감당하고 있다.

2. 한 눈으로 본 복음의 도표

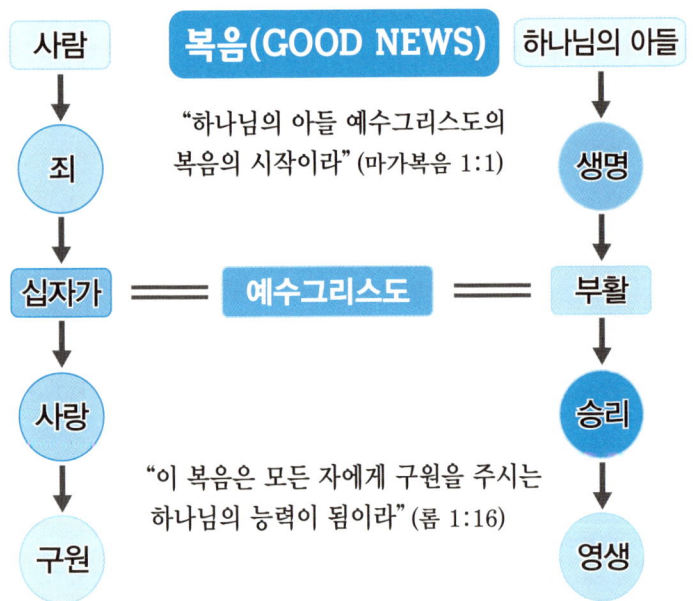

3. 부활에 근거한 복음적 추모예배

① 용어가 달라야 한다.
고(故), 고인으로 말하면 안된다. 하늘시민 또는 천국시민으로 인정하고 고백해야 한다.
② 날짜에 얽매이면 안된다.
소위 기일이 아니며, 가족과 함께 공예배에 지장이 없는 좋은 시간을 정하면 된다.
③ 예배의 대상이 정확해야 한다.
살아계신 하나님께 감사함으로 영광돌리는 예배가 되어야 한다.
④ 예배의 목적이 분명해야 한다.
가족들이 믿음을 본받고 은혜를 나누며 결심하는 시간이 되어야 한다. 그리고 가족들을 위하여 서로 기도제목을 나누면서 교제와 영적인 훈련의 장이 되어야 한다.
⑤ 다음의 성경에 근거하여 추모하는 예배를 하나님께 드릴수 있다.
살아계실 때의 하늘시민의 믿음의 본을 받고 새로운 믿음의 각오를 하는 시간이다.
"하나님의 말씀을 너희에게 일러 주고 너희를 인도하던 자들을 생각하며 그들의 행실의 결말을 주의하여 보고 그들의 믿음을 본받으라"(히13:7)
"형제들아 주의 이름으로 말한 선지자들을 고난과 오래

참음의 본으로 삼으라"(약5:10)

"소돔과 고모라 성을 멸망하기로 정하여 재가 되게 하사 후세에 경건하지 아니할 자들에게 본을 삼으셨으며"(벧후 2:6)

하늘시민 00주기 감사예배

하나님의 부르심을 받아 하늘시민되신 000를 기억하며 전지전능하신 하나님께 주의 이름으로 예배를 드리겠습니다. 예배의 대상은 오직 하나님뿐이시기에 우리에게 좋은 부모(조상)님을 주신 하나님께 감사하며 영광돌리는 시간이 되시길 바랍니다.

묵　　도 ·· 다함께
신앙고백 ·················· 사도신경 ················· 다함께
찬　　송 ········ 438장 '내 영혼이 은총입어' ········ 다함께
　　　　　(평소에 좋아하던 찬송)
교 독 문 ································· 13. 시편 23편
　인도자 : 여호와는 나의 목자시니
　회　중 : 내게 부족함이 없으리로다
　인도자 : 그가 나를 푸른 풀밭에 누이시며
　회　중 : 쉴 만한 물가로 인도하시는도다

인도자 : 내 영혼을 소생시키시고
회 중 : 자기 이름을 위하여 의의 길로 인도하시는도다
인도자 : 내가 사망의 음침한 골짜기로 다닐지라도 해를 두려워하지 않을 것은
회 중 : 주께서 나와 함께 하심이라 주의 지팡이와 막대기가 나를 안위하시나이다.
인도자 : 주께서 내 원수의 목전에서 내게 상을 차려주시고
회 중 : 기름을 내 머리에 부으셨으니 내 잔이 넘치나이다.
인도자 : 내 평생에 선하심과 인자하심이 반드시 나를 따르리니
회 중 : 내가 여호와의 집에 영원히 살리로다

기   도 .... **가족중**

사랑의 하나님, 사랑하는 우리 가족이 주의 이름으로 함께 모여서 먼저 하나님께 예배드리며 영광돌리게 하시니 감사합니다. 우리 가족을 믿음의 가정으로 삼아주시고 큰 은혜 주심을 감사드립니다. 사랑하는 가족들에게 이 시간을 통하여 더 큰 믿음의 복을 허락하옵소서, 먼저 하늘시민되신 OOO님이 걸어가셨던 삶을 기억하며 우리 가족에게 귀한 은혜와 축복이 되게 하소서. 우리 자손들이 믿음의 본을 받아 주신 사명을 잘 깨닫고 온전히 감당케 하옵소서, 이 시간도 주시는 복음의 말씀을 통하여 성령의 지혜와 계시의 영을 우리 가족에게 부어 주옵소서, 생명되신 예수 그리스도의 이름으로 감사 기도드립니다. 아멘

성경봉독 ················· 시편90:16-17 ················ 다함께
"주께서 행하신 일을 주의 종들에게 나타내시며 주의 영광을 그들의 자손에게 나타내소서, 주 우리 하나님의 은총을 우리에게 내리게 하사 우리의 손이 행한 일을 우리에게 견고하게 하소서 우리의 손이 행한 일을 견고하게 하소서"

특송 또는 찬양 ·· 가족중

말   씀 ··· 가족대표
  하나님은 우리 가족을 사랑하십니다. 구원받은 가정으로 삼으셨고 이렇게 예배드리게 하심은 특별한 하나님의 축복입니다. 하늘시민 OOO님은 우리 가정의 아주 귀한 분으로 우리 마음속에 그 믿음의 수고와 사랑의 헌신이 남아있습니다. 헛되지 않도록 우리 자손들이 더욱 믿음의 본을 받아 충성해야 할 것입니다.
  '우리의 시민권은 하늘에 있다'는 빌립보서 3:20 말씀처럼 사랑하는 OOO님은 지금 하늘(천국)시민으로 계십니다. 우리는 이 땅에 살기에 서울(부산)시민으로 있지만 언젠가 우리도 하늘시민으로 이사를 하게 될 것입니다. 이는 우리의 이름이 하늘나라 생명책에 기록되어야 가능합니다. 보혈의 십자가로 죄사함 받았기에 죄인의 명부에서 의인된 생명책에 있습니다. 죽음을 이기고 부활하신 예수로 말미암아 영원한 생명의 천국을 소유하게 된 것입니다. 예수 부활은 죽음을 이기고 하늘(천국)시민이 되는 필수입니다. 자랑스

런 하늘나라 시민이 되기 위하여 우리 자손이 해야 할 일을 본문에서 말하고 있습니다.

첫째, 주께서 행하신 일을 종들에게 나타내야 합니다. 하나님의 행하시는 일들을 우리 가족을 통하여 계속 나타내서 주의 영광을 나타내는 자손이 되어야 합니다. 이 땅에 할 일이 아주 많습니다. 이제 더욱 주님의 기쁨이 되는 일들을 행하며 살아가는 우리 모두가 되어서 오직 전능하신 하나님께 영광돌릴 수 있기를 바랍니다.

둘째, 하나님의 은총이 우리 자손에게 내려야 합니다. 하나님의 특별하신 은총으로 살아가는 것입니다. 세상은 험하고 악합니다. 여기에 하나님의 은총은 꼭 필요하고 있어야 합니다. 직장과 사업, 각 가정마다 더 귀한 은총으로 충만할 수 있기를 바랍니다.

셋째, 그럴때에 우리의 행하는 모든 일들이 견고하게 됩니다. 쉽게 무너지고 넘어지면 안됩니다. 견고해야 합니다. 피곤치 않고 견고한 손으로 닿는 곳마다 하는 일마다 더욱 형통하며 축복의 현장이 되기를 바랍니다.

나　　눔 ················ 가족들의 한마디 ················ 다함께
① 하늘시민 OOO님의 살아계실 때 믿음의 아름다운 모습들을 나눈다. (좋아하던 찬송, 말씀, 생활의 섬김, 헌신, 모

범적인 사례 등)

② 가족에게 교훈이 되는 본받을 믿음의 내용들을 나눈다. (가족과 자녀에게 주신 메시지 등)

③ 각자 삶의 형편들을 나누며, 기도제목을 서로 나누고 결단한다.

합심기도 ··· 다함께
  아브라함의 영적 계보를 이어가는 가문이 되도록, 가족의 기도제목들을 위하여 기도한다.

찬   송 ······ 559장 '사철에 봄바람 불어잇고' ······ 다함께
              (가족이 좋아하는 찬송)

주기도문(축도) ······································ 다함께(목사)

* 모든 예배의 예문에 관한 자세한 내용들은 김헌수 저서
  '기독교장례, 이대로 좋은가? 성경에서 말하는 장례' (도서출판 행복)
  '성경적 천국환송' (쿰란출판사)
  '천국환송예식서' (쿰란출판사)에 있습니다.

맺는 말

1984년도 목회를 시작하면서 성도들의 다양한 장례를 직접 경험했다. 흡족하지 못한 기독교 장례의 현실에 고민하다가 전문 국가장례지도사의 자격증을 취득했고, 여기에서 많은 문제점들을 발견하고 충격이었다. 이에 거룩한 분노를 느끼고 장례문화의 개혁을 위하여 책을 집필하며 외쳐왔다. 반만년 역사의 전통과 관습을 타파하고 성경적 천국환송문화로 정착되기를 바라보며 제2의 종교개혁의 뜨거운 마음으로 쉼 없이 여기까지 달려왔고 또 계속된다. 그러나 아직도 갈 길이 멀다. 여전히 샤머니즘과 유교 불교 도교가 혼합된 것으로 기독교적 정체성이 전혀 없기에 유감이다.

바울로 복음이 끝나고 예수 부활의 이야기가 멈춘 것이 아니다. 주님 다시 오실 때까지 이 부활복음의 역사는 계속 전개될 것이다. 사도행전이 28장으로 끝난 것이 아니다. 우리를 통하여 29장으로 부활의 복음이 이어져 가야 한다. 이 부활의 행전은 어느 시대이건 멈출 수 없고 세계 온 열방을 향하여 뻗어 나가야 한다.

본서를 통하여 신학과 목회적으로 부활실천신학을 바르게 이해하고 온전한 복음의 완성이 이루어지기를 바란다. 2% 부족했던 부활복음의 실제가 완벽한 구원과 천국으로의 영생까지 이루어지기를 바란다.

2021년은 계속되는 코로나로 힘들었지만 나 개인적으로는 아주 큰 의미가 있는 축복의 해이다. 투헤븐선교회의 내적인 부흥과 발전이 있었기 때문이다.

첫째로 장례의 모든 용어, 용품, 절차와 과정을 성경에 근거한 기독교의 모델이 되는 예식 시스템으로 완전하게 바꾼 투헤븐상조가 탄생했다. 본격적으로 투헤븐이 세상의 상조회사에 감히 뛰어 들었다. 이는 성경이기에 아무도 이의를 달수 없었고, 오히려 모든 상조회사에 자극과 큰 영향을 주어 상조업계가 바뀌고 있다. 본 투헤븐상조를 지지하며 함께 조직에 참여하여 기도해 주신 교계의 어르신들이 계시기에 이 자리를 빌어 감사를 드린다.

또 세속화된 세상 문화를 기독교적인 새 문화로 바꾸는 일이 급선무이기에 RGL Culture 신학원을 설립했다. 3가지 문화를 성경적인 패러다임으로 바꾸는 사역이다. 죽음의 장례에서 생명의 부활인 Resurrection 문화로, 열정과 사명을 잃어버린 습관적이고 형식적인 틀에서 진정한 복음으로의 Gospel 문화로, 세속화된 생활의 현장에서 기독교의 정체성을 다시 회복케 하는 Life 문화를 세워나가는 교육이다. 교계의 신학교육과 안일했던 그리스도인들에게도 신선한 충격을 던진 것이다.

또 도서출판 투헤븐을 설립하였다. 양질의 도서를 출간하는 출판업계의 진출이다. 이에 첫 작품으로 본서를 발간하였기에 의미가 있고 매우 기쁘다. 이제 아주 귀하고 유익한 도서들을 출판하여 기독교의 선한 영향력을 이 땅에 펼칠 수 있을 것으로 기대되며 감사드린다.

또 있다. 1984년 당시 가난과 무지의 동네 사당동에서 교회를 개척하여 여기까지 달려왔는데 금년에 제106회 예장 웨신총회의 21대 총회장으로 추대되어 총회장으로 하나님께서 세워 주셨다. 때가 되매 작은 종을 통하여 주의 일을 하라고 한국교계의 지도자로 우뚝 세워주신 것이다.

그런데 여기에 더욱 은혜가 되는 이유가 있다. 이와 같은 축복의 2021년은 놀랍게도 사랑하는 홍미표 선생(그 당시 교회에서 학생부 교사, 대학에서 불문학 교수)을 만나서 삶의 동반자로 아름다운 가정을 꾸민지 40년이 되는 해이다. 그동안 아내와의 40년 광야세월을 끝내고 이처럼 최고의 안식과 축복을 허락하신 것이다.

계속 일하실 주님을 찬양하며 하나님께 영광을 돌린다. 아무쪼록 본 '예수 부활의 15가지 비밀'의 도서를 통하여 다시 한번 한국교회가 교회되고 복음이 복음되어 영생의 부활이 실제가 되는 놀라운 변화로 하나님 보시기에 좋은 것들로 온전히 회복될 수 있기를 기도한다.

"태초에 하나님이 천지를 창조하시니라. 하나님이 지으신 그 모든 것을 보시니 보시기에 심히 좋았더라"(창1:1, 31)

예수 부활의
15가지 비밀

인쇄일	2021년 9월 26일
발행일	2021년 9월 26일
지은이	茂實 金憲洙
발행인	김헌수
펴낸곳	도서출판 투헤븐
감수	민경배, 이요한
편집인	최현정
교정	홍미표
디자인	김진순
인쇄 편집	조은기획(김화인)
주소	경기 화성시 서동탄로61번길 25
전화	1800-7039
판매처	010-2748-2369
출판등록	제2021-43호
ISBN	979-11-975917-0-9

정가 12,000원

♠ 잘못된 책은 바꾸어 드리겠습니다
♠ 이 책의 내용은 신저작권법에 의하여 국제적으로 보호받고 있습니다.
♠ 전재 및 복제를 할 수 없습니다.